Die Vererblichkeit der deliktischen Handlung

Europäische Hochschulschriften

European University Studies

Publications Universitaires Européennes

Reihe II	**Rechtswissenschaft**
Series II	Law
Série II	Droit

Band/ Volume **6029**

Lela Kornelia Donner

Die Vererblichkeit der deliktischen Handlung

PETER LANG

Bibliografische Information der Deutschen Nationalbibliothek
Die Deutsche Nationalbibliothek verzeichnet diese Publikation in der Deutschen Nationalbibliografie; detaillierte bibliografische Daten sind im Internet über http://dnb.d-nb.de abrufbar.

Zugl.: Tübingen, Univ., Diss., 2016

D 21
ISSN 0531-7312
ISBN 978-3-631-76336-0 (Print)
E-ISBN 978-3-631-76372-8 (E-PDF)
E-ISBN 978-3-631-76373-5 (EPUB)
E-ISBN 978-3-631-76374-2 (MOBI)
DOI 10.3726/

Peter Lang – Berlin · Bern · Bruxelles · New York · Oxford · Warszawa · Wien

Diese Publikation wurde begutachtet.

www.peterlang.com

Für Rieke

Vorwort

Die vorliegende Arbeit wurde im Sommersemester 2016 von der juristischen Fakultät der Eberhard Karls Universität Tübingen als Dissertation angenommen. Sie befindet sich auf dem Stand von Juli 2016.

Meinem Doktorvater, Herrn Prof. Dr. Thomas Finkenauer danke ich für die lebhaften Diskussionen und seine hilfreichen, fachlichen Anmerkungen.

Herrn Prof. Dr. Wolfgang Marotzke habe ich für die zügige Erstellung des Zweitgutachtens zu danken.

Insbesondere möchte ich all jenen danken, die mich im Laufe der Jahre bei der Erstellung dieser Arbeit moralisch und tatkräftig unterstützt haben. Namentlich genannt seien, in chronologischer Reihenfolge: Edwin Ncube, Michaela Sutschet, Rheda Schumann, Ana und Etta Schomerus, Stefanie Hunger, Vanessa Mertins, Sandra Goffing, Michael Lipinski und – last but not least – Ari-Pekka Perkkiö.

München, im April 2017

Inhaltsverzeichnis

Abkürzungsverzeichnis

a. A.	andere Ansicht
a. a. O.	am angegebenen Ort
ABGB	Allgemeines Bürgerliches Gesetzbuch von 1811 (Österreich)
Abs.	Absatz
AcP	Archiv für civilistische Praxis
a. E.	am Ende
a. F.	alte Fassung
AO	Abgabenordnung
Art.	Artikel
Aufl.	Auflage
BFH	Bundesfinanzhof
BFHE	Entscheidungen des Bundesfinanzhofs
BGB	Bürgerliches Gesetzbuch von 1896 / 1900
BGH	Bundesgerichtshof
BGHZ	Entscheidungen des BGH in Zivilsachen
BSt.Bl.	Bundessteuerblatt
BVerfG	Bundesverfassungsgericht
BVerfGE	Entscheidungen des Bundesverfassungsgerichts
BVerwG	Bundesverwaltungsgericht
bzw.	beziehungsweise
C.	Codex Iustinianus von 534
D.	Digesta Iustiniani von 533
ders.	derselbe
d. h.	das heißt
DNotZ	Deutsche Notar-Zeitschrift
DVBl.	Deutsches Verwaltungsblatt
Einl.	Einleitung
f., ff.	folgende (Seiten oder Randnummern)
FAZ	Frankfurter Allgemeine Zeitung
Fn.	Fußnote
FS	Festschrift

GG	Grundgesetz für die Bundesrepublik Deutschland von 1949
h. M.	herrschende Meinung
HRR	Höchstrichterliche Rechtsprechung
Hrsg.	Herausgeber
insbes.	insbesondere
i. S. d.	im Sinne des / der
i. S. v.	im Sinne von
i. V. m.	in Verbindung mit
JA	Juristische Arbeitsblätter für Ausbildung und Examen
JR	Juristische Rundschau
Jura	Juristische Ausbildung
JuS	Juristische Schulung
JW	Juristische Wochenschrift
JZ	Juristenzeitung
LG	Landgericht
m. M.	Mindermeinung
MDR	Monatszeitschrift für Deutsches Recht
MüKo	Münchener Kommentar zum Bürgerlichen Gesetzbuch
ND	Nachdruck
NdsRpfl.	Niedersächsische Rechtspflege
NJW	Neue Juristische Wochenschrift
NJW-RR	Neue Juristische Wochenschrift, Rechtsprechungsreport
Nr.	Nummer
NVwZ	Neue Zeitschrift für Verwaltungsrecht
OBG	Ordnungsbehördengesetz Nordrhein-Westfalen
OLG	Oberlandesgericht
OWiG	Ordnungswidrigkeitengesetz
Prot.	Protokolle
Prot. I	Protokolle der 1. Kommission zur Ausarbeitung eines Bürgerlichen Gesetzbuchs, metallographierte Abschrift und bei Jakobs / Schubert
RG	Reichsgericht
RGZ	Entscheidungen des Reichsgerichts in Zivilsachen
Rn.	Randnummer
S.	Seite / Satz

sog.	sogenannt(e/en)
StPO	Strafprozessordnung
StVO	Straßenverkehrsordnung
SZ	Zeitschrift der Savigny-Stiftung für Rechtsgeschichte
VersR	Zeitschrift für Versicherungsrecht
vgl.	vergleiche
Vorbem.	Vorbemerkung
z. B.	zum Beispiel
ZPO	Zivilprozessordnung

Einleitung

Gegenstand der vorliegenden Abhandlung sind Fälle, in denen ein Erblasser eine deliktische Handlung begangen hat, aber stirbt, bevor ein Schaden eingetreten ist. Im Zeitpunkt des Erbfalls war also der Tatbestand eines deliktischen Anspruchs mangels Erfolgs noch nicht erfüllt. Es bestand somit keine Schadensersatzpflicht, die vererbt werden konnte. Wenn nun nach dem Tod des deliktisch Handelnden ein Schaden entsteht, ist fraglich, ob dem Geschädigten gegen den Erben Schadensersatzansprüche zustehen.

Folgende Beispielfälle sollen der Veranschaulichung dienen:

Fall 1: Der Erblasser öffnet einen Gully und legt den Deckel beiseite. Erst nach seinem Tod fällt jemand in den offenen Gully und verletzt sich dabei.

Fall 2: Der Erblasser kommt wegen überhöhter Geschwindigkeit ins Schleudern und stirbt bei dem Aufprall auf die Leitplanke. Ein weiterer Wagen kann dem Autowrack des toten Erblassers nicht mehr ausweichen und wird beschädigt.

Im Zeitpunkt der Gesamtrechtsnachfolge bestand in beiden Fällen keine Ersatzpflicht, die auf den Erben hätte übergehen können. Kann der Geschädigte dennoch Ersatzansprüche geltend machen? Gegen den verstorbenen Schädiger kann kein Anspruch entstehen, da er nicht mehr rechtsfähig ist und somit kein Träger von Pflichten mehr sein kann. Es müsste also ein Anspruch gegen den Erben entstehen. Dieser hat aber keine deliktische Handlung begangen. Ist die deliktische Handlung des Erblassers vererblich? Es wäre denkbar, dass deliktisches Handeln einen rechtlichen Schwebezustand auslöst, aufgrund dessen bei Schadenseintritt die Haftung entsteht. Wenn dieser Schwebezustand vererblich wäre, müsste der Erbe haften.

I. Gesetzliche Regelungen im Vergleich

Das BGB enthält keine klare Regelung für die genannten Fälle. Gemäß § 1922 BGB geht das Vermögen als Ganzes auf die Erben über. Gemäß § 1967 BGB haftet der Erbe für die Nachlassverbindlichkeiten, zu denen gemäß Abs. 2 auch die vom Erblasser herrührenden Schulden gehören. Das

BGB enthält aber keine Norm, die bestimmt, ob im Zeitpunkt des Erbfalls noch nicht bestehende Verbindlichkeiten später entstehen können.

In Österreich dagegen gilt das Repräsentationsprinzip. In § 547 ABGB heißt es: „Der Erbe stellt, sobald er die Erbschaft angenommen hat, in Rücksicht auf dieselbe den Erblasser vor. Beyde werden in Beziehung auf einen Dritten für eine Person gehalten." Wenn also Erbe und Erblasser rechtlich eine Person darstellen, ist es nur folgerichtig, dass sich der durch eine deliktische Handlung des einen Verletzte zwecks Schadensersatzes an den anderen halten kann.

Das britische Common Law besteht aus Fallrecht und Richterrecht. Es stützt sich also auf Präzedenzfälle und richterliche Auslegung. Die Rechtsentwicklungen des Common Law können aber durch Gesetze, sog. Acts, geändert oder außer Kraft gesetzt werden. Die Regelung des Acts hat dann Vorrang gegenüber dem Common Law.

Unter dem Common Law erlosch der Anspruch auf Schadensersatz ursprünglich mit dem Tod des Geschädigten oder des Schädigers[1]. Der Erbe musste also keinen Schadensersatz für die deliktische Handlung des Erblassers leisten. Diese Rechtslage wurde zuerst abgeändert durch den Fatal Accidents Act aus dem Jahre 1846, wodurch den Angehörigen eines verstorbenen Geschädigten eine Klagemöglichkeit wegen verlorenen Unterhalts gegeben wurde[2]. Eine weitere Änderung erfolgte durch den Law Reform (Miscellaneous Provisions) Act aus dem Jahre 1934. Hierdurch wollte man den Fällen gerecht werden, in denen der Schädiger gleichzeitig mit dem Geschädigten zu Tode kommt[3]. Derartige Fälle häuften sich damals durch vermehrte Verkehrsunfälle[4]. In Section 1 (4) des Law Reform (Miscellaneous Provisions) Acts aus dem Jahre 1934 heißt es: „Wo durch Handlung oder Unterlassung ein Schaden erlitten wurde, wodurch gegen eine Person ein Klageanspruch bestehen würde, wenn diese Person nicht vor oder zur selben Zeit mit dem Schadenseintritt gestorben wäre, so gilt im Sinne dieses Acts, dass der Anspruch vor ihrem Tod bestanden hat, wie er in Bezug auf die

1 *Giliker / Beckwith,* Tort, S. 350; *Rogers / Winfield / Jolowicz,* Winfield and Jolowicz on tort, S. 1007, Rn. 23–2.
2 *Deakin / Johnston / Markesinis*, Winfield and Jolowicz on tort, S. 854.
3 *Heuston / Buckley / Salmond,* Salmond and Heuston on the law of torts, S. 566.
4 *Rogers / Winfield / Jolowicz,* Winfield and Jolowicz on tort, S. 1008, Rn. 23–2.

Handlung oder Unterlassung bestanden hätte, wäre die Person verstorben, nachdem der Schaden entstand."[5] Also ist für Großbritannien eindeutig entschieden, dass der Erbe für die späteren Folgen einer deliktischen Handlung des Erblassers einstehen muss.

II. Entscheidungen deutscher Gerichte

1. Treppensturz-Fall[6]

In Deutschland ereignete sich erstmals 1937 ein Fall, durch den die Rechtsprechung Gelegenheit bekam, zu der Problematik eines erst nach dem Tod des deliktisch Verantwortlichen eintretenden Schadens Stellung zu nehmen:

Treppensturz-Fall[7]: Die Klägerin kam am 23.2.1937 auf einer Treppe eines Mietshauses zu Fall und verletzte sich dabei. Der Eigentümer des Hauses war bereits zuvor, am 7.2.1937, verstorben. Im Zeitpunkt des Unfalls waren weder die Erben bekannt noch ein Nachlasspfleger bestellt.

Das Landgericht Freiburg gab der Klage gegen die noch unbekannten Erben, vertreten durch den Nachlasspfleger, statt. Es stellte in seinem Urteil fest, zur Entstehung einer Verbindlichkeit sei es nicht erforderlich, dass der Erblasser den Tatbestand der unerlaubten Handlung zu seinen Lebzeiten soweit erfüllt habe, dass bereits eine Einwirkung auf den Verletzten stattgefunden habe. Es genüge, dass der Erblasser die Ursache zu dem erst nach seinem Tode eingetretenen adäquaten Erfolg gesetzt habe.

Bemerkenswert an diesem Fall ist allerdings, dass der Erblasser nicht etwa durch eine Handlung die Ursache für die Verletzung gesetzt hat, sondern durch ein Unterlassen. Die Vererblichkeit eines rechtserheblichen

---

5 Der Originaltext des Law Reform (Miscellaneous Provisions) Act Section 1 (4) lautet: "Where damage has been suffered by reason of any act or omission in respect of which a cause of action would have subsisted against any person if that person had not died before or at the same time as the damage was suffered, there shall be deemed, for the purposes of this Act, to have been subsisting against him before his death such cause of action in respect of that act or omission as would have subsisted if he had died after the damage was suffered."

6 Siehe dazu auch unten § 5 I 2.

7 LG Freiburg, Urteil vom 11.3.1938, JW 1938, S. 1819–1821.

Unterlassens wirft weitere Probleme auf[8]. Ist nach dem Tod der Erbe neuer Verantwortlicher? Ab wann kommt es nicht mehr auf das Unterlassen des Erblassers, sondern auf ein Unterlassen des Erben an?

2. Sprengkapsel-Fall[9]

Sprengkapsel-Fall[10]: Die beiden minderjährigen Kläger verletzen sich schwer beim Spielen mit einer Sprengkapsel. Diese Sprengkapsel hatte der Erstkläger von seinem Mitschüler Helmut Dr., der sie von dem damals siebenjährigen Siegfried St. erhalten hatte. Siegfried St. hatte sie mit 11 weiteren Sprengkapseln zu Hause in einem Schreibschrank gefunden. Sein Großvater Lebrecht St. hatte sie dort aufbewahrt. Er war aber bereits verstorben, bevor Siegfried St. die Sprengkapseln fand.
Erben des Lebrecht St. waren seine Frau Ida St. sowie seine beiden Kinder, der Sohn Willy St. und die Tochter Hedwig St., Siegfrieds Mutter. Sie alle lebten in einem gemeinsamen Haushalt.

Das Landgericht wies die Klage der beiden Minderjährigen gegen Ida St., Hedwig St. und Willy St. ab. Es sah kein Verschulden der drei Beklagten. Soweit die Beklagten als Erben des Lebrecht St. in Anspruch genommen werden könnten, verneinte es für die Erben einen adäquaten ursächlichen Zusammenhang mit der unterstellten unerlaubten Handlung des Erblassers. Das Oberlandesgericht verurteilte die Beklagten Ida St. und Hedwig St. wegen Vernachlässigung ihrer Aufsichtspflicht gegenüber dem siebenjährigen Siegfried St., an die Kläger Schmerzensgeld zu zahlen. Die Klage gegen Willy St. wurde jedoch abgewiesen, ohne zu prüfen, ob er als Erbe des Lebrecht St. haften muss. Auf die Revision der Kläger hat das Reichsgericht das Urteil gegen Willy St. aufgehoben und zurückverwiesen[11].

An diesem Fall lassen sich interessante Grenzfragen im Rahmen der Vererblichkeit der deliktischen Handlung veranschaulichen. Wer in einem Haushalt mit einem siebenjährigen Kind Sprengkapseln in einer unver-

---

8 Siehe dazu unten § 5 I 2.
9 Siehe dazu ausführlich unter § 5 I 1.
10 Vereinfachte Darstellung von RG Urteil vom 10.2.1942, HRR 1942, Nr. 522.
11 Aus den heute noch vorhandenen Quellen ist nicht ersichtlich, ob nach der Zurückverweisung des Reichsgerichts ein erneutes Urteil erging.

schlossenen Schublade aufbewahrt, begeht eine unerlaubte Handlung. Es ist vorhersehbar, dass das Kind die Sprengkapseln finden und sich sowie andere Kinder im Spiel damit verletzen kann. Wenn man die Vererblichkeit der deliktischen Handlung befürwortet, wird man die Erben für einen später entstehenden Schaden haften lassen. Wie aber wäre zu entscheiden, wenn das Kind bei Tod des Besitzers der Sprengkapseln erst ein Säugling war? Kann auch dann eine deliktische Handlung des Erblassers übergehen? Ab wann sind die Erben selbst verantwortlich, den Nachlass auf Gefahrenquellen zu untersuchen?

3. Straßenverkehrsfälle

Im Straßenverkehr kommt es häufig vor, dass ein deliktisch Handelnder stirbt, kurz bevor weitere Verkehrsteilnehmer verletzt werden. Als Beispiel möge ein Fall dienen, der 1994 vom OLG Hamm entschieden wurde:

Motorroller-Fall[12]: E wollte mit seinem Pkw gleichzeitig einen anderen Pkw und den Motorroller des H überholen. H, dessen Ehefrau U auf dem Soziussitz saß, bog gerade links ab und verstieß dabei gegen seine Pflicht zur zweiten Rückschau gemäß § 9 Abs. 1 S. 4 StVO. Es kam zu einem Unfall, bei dem zuerst H getötet und Sekunden später U schwer verletzt wurde. E und H waren in gleicher Weise für diesen Unfall verantwortlich.

4. Suizidfälle

In jüngerer Zeit wurde das Problem der Vererblichkeit der deliktischen Handlung in einem Suizidfall relevant.

Lokführer-Fall[13]: In der Nacht zum 6.1.2009 nahm sich der 20-jährige S das Leben, indem er sich vor einen Zug stürzte. Der Lokführer glaubte

---

12 OLG Hamm, Urteil vom 16.6.1994–6 U 227/93, MDR 1995, S. 695–696.

13 Fall des LG Nürnberg-Fürth nach FAZ vom 20.9.2011 (PresseDatenBank Artikel Nr. A50165583), S. 11 sowie den Online-Artikeln http://www.stern.de/panorama/sohn-warf-sich-vor-zug-eltern-zahlen-lokfuehrer-schmerzensgeld-1729512.html; http://www.spiegel.de/panorama/justiz/prozess-nach-suizid-lokfuehrer-bekommt-schmerzensgeld-von-hinterbliebenen-a-787127.html; http://www.faz.net/aktuell/gesellschaft/nach-suizid-eines-jugendlichen-lokfuehrer-erhaelt-

zunächst an einen Wildunfall[14]. Als er erfuhr, dass es sich um einen Selbstmord handelte, erlitt er einen Schock. Er hatte seitdem Alpträume und Kopfschmerzen. Er trat seine möglichen Ansprüche an seine Ehefrau ab, die von den Erben des S, seinen Eltern, Schmerzensgeld verlangte.

Vor dem Landgericht Nürnberg-Fürth wurde zwischen der Ehefrau des Lokführers und den Eltern des S ein Vergleich geschlossen.

III. Gang der Untersuchung

Zunächst werden die Gesamtrechtsnachfolge an sich und der Übergang von Verbindlichkeiten im Wege der Gesamtrechtsnachfolge untersucht. Daneben wird das Wesen der deliktischen Handlung analysiert. Anhand dieser Darlegungen wird sich zeigen, ob und inwieweit die Vererblichkeit unvollendeter Deliktstatbestände mit dem Erb- und dem Deliktsrecht vereinbar ist.

Sodann wird versucht, die Vererblichkeit der deliktischen Handlung dogmatisch zu erschließen. Eventuell lassen sich Analogien bilden zu anderen Verbindlichkeiten des Erblassers, die erst nach dem Erbfall entstehen. Dazu werden vergleichbare Konstellationen herangezogen, bei denen eine Verbindlichkeit des Erblassers erst nach dessen Tode entsteht. In Betracht kommt etwa eine Analogie zu Situationen in vertraglichen Beziehungen, bei denen eine Pflicht möglicherweise erst entsteht, nachdem der ursprüngliche Vertragspartner verstorben ist. Es soll auch geprüft werden, ob eine Parallele zu vor dem Erbfall bereits bestehenden Unterlassungspflichten des Erblassers als dogmatische Basis für die Vererblichkeit der deliktischen Handlung fruchtbar gemacht werden kann.

Ebenso wichtig ist eine normative Prüfung. Es muss festgestellt werden, welche Ergebnisse sinnvoll sind. Verschiedene Aspekte der Gesamtrechtsnachfolge und des Erbrechts werden dahingehend untersucht, welche Prinzipien der Gesetzgeber dem Erbrecht im BGB zugrunde gelegt hat. Dabei ist von dem Grundsatz auszugehen, dass die Rechts- und Pflichtenstellung

schmerzensgeld-von-eltern-11289927.html; jeweils zuletzt geprüft am 20.11.2015. Siehe dazu unten: § 4 X 2.

14 http://www.faz.net/aktuell/gesellschaft/wer-haftet-fuer-was-ein-lokfuehrer-verklagt-die-eltern-eines-selbstmoerders-11114478.html, zuletzt geprüft am 20.11.2015.

der Beteiligten möglichst wenig durch den Tod des Erblassers, insbesondere durch den Zeitpunkt des Todes, beeinflusst werden sollen[15]. Es soll auch nach dem Tod eine Kontinuität der Rechtsbeziehungen gewahrt werden. Durch die Darstellung verschiedener erbrechtlicher Konstellationen werden Zweck und Grenzen des Kontinuitätsgrundsatzes aufgezeigt. Dabei wird auch auf das parallel gelagerte Problem des Übergangs der abstrakten Polizeipflicht im öffentlichen Recht eingegangen.

Aus den dogmatischen und normativen Erkenntnissen sind Schlüsse im Hinblick auf die Vererblichkeit der deliktischen Handlung zu ziehen, und es ist zu zeigen, wie und unter welchen Umständen verschiedene deliktische Handlungen vererblich sein können. Dabei wird untersucht, inwiefern die unterschiedlichen Haftungstatbestände unterschiedlich behandelt werden müssen, und es werden die Besonderheiten einer Haftung wegen Unterlassens geprüft.

In diesem Zusammenhang wird auch das Problem eines sich erst nach dem Todesfall realisierenden Schadens aus einer zum Nachlass gehörenden Gefahrenquelle dargestellt. Dabei handelt es sich um einen Fall der Gefährdungshaftung. Eine deliktische Handlung, die vererbt werden könnte, gibt es also nicht. Eine Gefahrenquelle des Erblassers, durch die nach dem Tode ein Schaden entsteht, stellt den Juristen aber vor die gleichen Probleme wie die durch eine deliktische Handlung des Erblassers entstehende Schwebelage.

15 Siehe dazu etwa *Muscheler,* Erbrecht, Band I, S. 4 f., Rn. 7; *Wacke,* NJW 1981, S. 1577, 1581; *ders.,* DNotZ 2001, S. 302, 316.

§ 1. Grundlegung: Gesamtrechtsnachfolge und Delikt

I. Gesamtrechtsnachfolge und Übergang von Verbindlichkeiten

Universalsukzession bedeutet, in Abgrenzung zur Einzelrechtsnachfolge, den einheitlichen, ungeteilten Übergang des Vermögens des Erblassers[16]. Die Gesamtrechtsnachfolge gemäß § 1922 BGB ist im deutschen Erbrecht zwingend. Daher sind Einzelübertragungen und der Einzelerwerb von Vermögensgegenständen ausgeschlossen[17]. Auch wenn der Erblasser testamentarisch einem Nichterben einen einzelnen Gegenstand zuweist, geht dieser Gegenstand dennoch im Wege der Gesamtrechtsnachfolge auf den Erben über. Der testamentarisch Begünstigte erhält nur ein Vermächtnis, also gemäß § 2174 BGB einen schuldrechtlichen Anspruch gegen den Erben. Der Übergang der Erbschaft auf den Erben vollzieht sich ohne Übertragungsformalitäten und ohne Zeitverlust[18].

Neben diesen unbestrittenen Rechtswirkungen wird die Natur der Universalsukzession aber sehr unterschiedlich erklärt. Die Universalsukzession steht in ihrer rechtlichen Ausgestaltung nicht *a priori* fest. Vielmehr ist sie in verschiedenen Rechtsordnungen unterschiedlich gestaltet. Auch innerhalb einer Rechtsordnung gibt es unterschiedliche Interpretationen der Wirkungen einer Gesamtrechtsnachfolge. Man kann ihr sehr enge Rechtsfolgen zuschreiben, ihre Wirkungen gewissermaßen darauf reduzieren, dass verschiedene Rechte zusammen übergehen und damit die bei einer Einzelrechtsnachfolge geforderten Übertragungsakte überflüssig sind. Man kann sie aber auch sehr weit interpretieren, so dass die Gesamtrechtsnachfolge mehr und andere Rechtswirkungen hat, als durch eine Einzelrechtsnachfolge überhaupt möglich wären. Denn mit der Einzelrechtsnachfolge können nur definierte Rechte übertragen werden. Die Universalsukzession hingegen

---

16 *Lange,* Erbrecht, Kapitel 2 § 8 I, S. 26 Rn. 21.

17 *Lange / Kuchinke,* Lehrbuch des Erbrechts, § 5 III 1, S. 88; *Muscheler,* Jura 1999, S. 234, 235, 238, 245 f.

18 *Meincke,* in: Schulze-Osterloh, S. 19, 30.

kann den Rechtsnachfolger, über die bloße Übertragung von Rechten und Pflichten hinaus, in die Position des Rechtsvorgängers eintreten lassen. Das Konzept der Gesamtrechtsnachfolge bietet damit eine große Bandbreite unterschiedlich weitgehender Auslegungen.

Die verschiedenen denkbaren Formen der erbrechtlichen Universalsukzession lassen sich im Wesentlichen in fünf verschiedene Kategorien einordnen[19]:

1. Erbe und Erblasser stellen in Bezug auf den Nachlass ein und dieselbe Person dar[20].
2. Die Gesamtrechtsnachfolge bezieht sich nur auf den Übergang der Aktiva des Erblassers. Der Übergang der Passiva gehört nicht zur Universalsukzession[21].
3. Die Gesamtrechtsnachfolge bedeutet den Übergang des Aktivvermögens, auf dem die Schulden lasten[22].
4. Aktiva und Passiva gehen im Ganzen über[23].
5. Der Erbe tritt in die gesamte vererbbare Rechtsstellung des Erblassers ein[24].

Der Übergang der deliktischen Handlung auf den Erben gestaltet sich unterschiedlich, je nachdem welches Verständnis man der Universalsukzession des BGB zugrunde legt. Zwar gehen die Schulden des Erblassers nach allen fünf genannten Konzeptionen im Ergebnis unstreitig auf den Erben über. Die zweite Auffassung schreibt den Übergang der Passiva lediglich nicht der Universalsukzession zu. Nach dieser Ansicht gehen die Schulden des Erblassers nämlich gemäß § 1967 BGB auf den Erben über[25]. Der Übergang von

---

19 Nummern 1, 3, 4 und 5 auch bei *Lange / Kuchinke,* Lehrbuch des Erbrechts, § 5 II 2 D, S. 87.

20 *Lassalle,* Das System der erworbenen Rechte, Zweiter Theil, S. 17 ff., 57 ff.; *Puchta,* Pandekten, § 446, S. 600.

21 *Siber,* Erbrecht, S. 4.

22 *Enneccerus / Nipperdey,* Allgemeiner Teil des Bürgerlichen Rechts, § 131 II 4, S. 843; *Binder,* Die Rechtsstellung des Erben, I. Teil, § I, S. 14; *Dernburg,* Das bürgerliche Recht, § 103 VI 2, S. 355.

23 *Leipold,* Erbrecht, Rn. 33.

24 *Boehmer,* in: RG-Festgabe, S. 216, 240; *Kipp / Coing,* Erbrecht, § 91 II, S. 500; *v. Lübtow,* Erbrecht, S. 667, 1088 ff.

25 *Siber,* Erbrecht, S. 4.

Schulden vollzieht sich aber je nach Erklärungsmodell anders. Es ist daher zu prüfen, ob und inwieweit die genannten fünf Modelle in diesem Punkt zu unterschiedlichen Ergebnissen kommen. Das erste Erklärungsmodell, nach dem Erblasser und Erbe ein und dieselbe Person darstellen, hat die weitesten möglichen Rechtsfolgen. Die geringsten Rechtswirkungen hat die Gesamtrechtsnachfolge nach der zweiten Lehre, nach der allein die Aktiva, nicht aber die Passiva durch die Gesamtrechtsnachfolge übertragen werden.

Zwar könnte man dem Verständnis von Gesamtrechtsnachfolge generell einen Einfluss auf die Entscheidung über die Nachfolgefähigkeit einer Rechtsposition absprechen[26]. Ob eine Rechtsposition nachfolgefähig ist oder nicht, müsste sich stattdessen aus der Natur der entsprechenden Rechtsposition selbst ergeben. Die Entscheidung über die Nachfolgefähigkeit wäre der Entscheidung darüber, wie die übergangsfähigen Positionen übergehen, vorgelagert[27]. Die Gesamtrechtsnachfolge gäbe nur noch die Modalität des Übergangs vor. Ob ein Rechtsverhältnis übergeht oder nicht, ergäbe sich aus von der Universalsukzession unabhängigen Überlegungen[28]. Dieser Auffassung ist sogar zuzugeben, dass es keine Definition von Gesamtrechtsnachfolge geben kann, die aus sich heraus erklärt, welche Rechtsverhältnisse übergehen und welche nicht. Jedoch ist das Vorverständnis von der Universalsukzession nicht irrelevant. Ist diese eng gefasst, werden einige Positionen vom Übergang ausgeschlossen. Die Bestimmung der übergangsfähigen Rechtspositionen und die Beschreibung der Natur der Gesamtrechtsnachfolge bedingen sich gegenseitig: mit dem Wissen, welche Rechtspositionen übergangsfähig sind und welche nicht, lässt sich der Rahmen der Gesamtrechtsnachfolge eingrenzen. Mit einem richtigen Verständnis der Gesamtrechtsnachfolge lässt sich wiederum darauf schließen, welche Rechtsverhältnisse durch sie übertragen werden und welche nicht. Es muss also durch eine Gesamtbetrachtung entschieden werden, welche der genannten Auffassungen der Universalsukzession am ehesten gerecht wird[29].

---

26 *Meincke,* in: Schulze-Osterloh, S. 19, 32 f.; *Trzaskalik,* Steuer und Wirtschaft 1979, S. 97, 98; *Windel,* Über die Modi der Nachfolge, S. 200.

27 *Windel,* Über die Modi der Nachfolge, S. 200.

28 Ebenda.

29 Ähnliche Argumentation auch bei *Lange / Kuchinke,* Lehrbuch des Erbrechts, § 5 II 2 d; *Muscheler,* Erbrecht, Band I, S. 410 f., Rn. 753 ff.

1. Der Erbe ersetzt die Persönlichkeit des Erblassers

Die erste Auffassung stellt die am weitesten gehende Sehweise der Rechtswirkungen der Universalsukzession dar. Das Wesen der Erbfolge liegt hier nicht mehr in einem Übergang von Rechtspositionen auf ein neues Rechtssubjekt, d. h. die Erbfolge hat nicht den Charakter eines Übergangs von Rechten auf eine neue Person, sondern den einer Ersetzung des Rechtssubjekts. Die Betonung liegt hier darauf, dass der Erbe den Erblasser ersetzt, an seine Stelle tritt[30]. In diese Kategorie fallen die Lehre von der Willensunsterblichkeit[31] und die Lehre von der Persönlichkeitsfortsetzung[32]. Der Erbe erbt kein Vermögen[33], sondern den Erblasser selbst, seine Person oder seinen Willen[34]. Diese Denkweise hat ihre Ursprünge im justinianischen Recht[35] bzw. in dessen Interpretation durch spätere Juristen[36]. Man ging davon aus, die römische Erbfolge sei im Wesentlichen personalistisch geprägt[37].

a) Theorie der Willensunsterblichkeit

Es wurde teilweise vertreten, das Wesen der Erbfolge im römischen Recht liege in der Unsterblichkeit des subjektiven Willens im Testament[38]. Diese

---

30 *Boehmer,* in: Staudinger, 11. Aufl. 1954, § 1922 Rn. 99 ff.; *Puchta,* Pandekten, § 446, S. 600; *Windel,* Über die Modi der Nachfolge, S. 195.

31 *Lassalle,* Das System der erworbenen Rechte, Zweiter Theil, 21, S. 57 ff., insbes. 68.

32 *Puchta,* Pandekten, § 446, S. 600.

33 *Lassalle,* Das System der erworbenen Rechte, Zweiter Theil, S. 17, 68.

34 *Lassalle,* Das System der erworbenen Rechte, Zweiter Theil, S. 21, 57 ff.; *Windel,* Über die Modi der Nachfolge, S. 196.

35 Nov. 48 praefatio: *„...quamquam nostris legibus una quodammodo persona videtur esse heredis et eius qui hereditatem in eum transmittit,...". Kipp / Coing,* Erbrecht, § 1 II 1 a, S. 4; *Lassalle,* Das System der erworbenen Rechte, Zweiter Theil, S. 21, 57 ff.

36 Dazu *Neuner*, Die Heredis institutio ex re certa, § 1, S. 1; *Puchta*, Pandekten, § 446, S. 600, § 447, S. 601 f.; *Boehmer*, in: Staudinger, 11. Aufl. 1954, § 1922 Rn. 99 ff.; *Giger*, Das Schicksal des Rechts, S. 10; *v. Lübtow,* Erbrecht, S. 665, 1088 ff.; *Muscheler,* Erbrecht, Band I, S. 449, Rn. 837.

37 *Boehmer,* in: Staudinger, 11. Aufl. 1954, § 1922 Rn. 99; *Windel,* Über die Modi der Nachfolge, S. 195; *Lassalle,* Das System der erworbenen Rechte, Zweiter Theil, S. 17 ff., insbes. 21, 23 f., 52 f., 68.

38 *Boehmer,* in: Staudinger, 11. Aufl. 1954, § 1922 Rn. 100; *Paulus*, Idee der postmortalen Persönlichkeit, S. 89 ff.; *Windel,* Über die Modi der Nachfolge, S. 196.

Theorie ist allerdings nicht so zu verstehen, dass das Vermögen nicht vererbt wird. Es lassen sich auch im heutigen Recht Fälle denken, in denen die Vorstellung plausibel ist, durch die Gesamtrechtsnachfolge werde der Wille des Erblassers auf den Erben übertragen. Das gilt etwa, wenn ein Erblasser sein gesamtes Vermögen in Vermächtnisse aufteilt; dann ist der Erbe tatsächlich dem Willen des Erblassers unterworfen, den Nachlass in dessen Sinne abzuwickeln[39]. Abgesehen von einem eventuellen Pflichtteilsanspruch verbleibt dem Erben also nur der Wille des Erblassers. Mit Ausnahme derartiger besonderer Fälle ist die Theorie der Willensunsterblichkeit allerdings nicht auf die deutsche Gesamtrechtsnachfolge anwendbar. Der Schwerpunkt liegt im Vererbungstatbestand des BGB auf der Vermögensübertragung, nicht auf einer Weiterführung des Willens. Dies ist zum einen deutlich im Wortlaut des § 1922 BGB erkennbar, der von „Vermögen" und „Erbschaft" spricht. Zum anderen zeigt sich die nachrangige Bedeutung des Erblasserwillens auch darin, dass die gewillkürte Erbfolge erst in Abschnitt 3 des 5. Buches geregelt ist. § 1922 BGB, mit dem das 5. Buch beginnt, ist die zentrale Norm des Erbrechts. Aus dieser Systematik lässt sich auch auf eine Bevorzugung der gesetzlichen Erbfolge und des Familienerbrechts schließen, was die These bestärkt, dass der Erblasserwille im BGB erst an zweiter Stelle berücksichtigt wird.

b) Theorie der Persönlichkeitsfortsetzung

Auch nach dieser Theorie liegt der Schwerpunkt nicht auf dem Übergang eines Vermögens[40]. Stattdessen geht die Person des Erblassers auf den Erben über[41], was die Rechtsmacht über sein Vermögen mit sich bringt. Der Erbe stellt in Bezug auf die Erbschaft den Erblasser dar[42], es besteht Personenidentität[43]. Danach bedeutet die Erbfolge die Fortsetzung der Persönlichkeit des Erblassers durch den Erben. Diese Idee lässt sich bis zu mystischen Ideen der Seelenwanderung[44] und einer transzendenten Unsterblichkeits-

---

39 *Windel,* Über die Modi der Nachfolge, S. 195.
40 *Boehmer,* in: Staudinger, 11. Aufl. 1954, § 1922 Rn. 101.
41 *Mitteis,* Römisches Privatrecht, S. 96, 101.
42 *Lange / Kuchinke,* Lehrbuch des Erbrechts, § 5 II 1 a, S. 85.
43 *Giger,* Das Schicksal des Rechts, S. 111.
44 *Mitteis,* Römisches Privatrecht, S. 94.

vorstellung[45] denken. Dementsprechend wurde diese Ansicht von ihren Gegnern als „transzendente Unsterblichkeits- oder Seelenwanderungslehre im juristischen Gewand“ kritisiert[46]. In etwas abgeschwächter Form spricht man nur von der Fortsetzung der „vermögensrechtlichen Persönlichkeit“[47] oder „wirtschaftlich-ideellen Persönlichkeit“[48] des Erblassers oder von einer persönlichen Repräsentation[49].

Die Theorie der persönlichen Repräsentation findet sich auch noch im geltenden Recht. Sie ist im österreichischen Erbrecht in § 547 ABGB normiert[50]. In Deutschland wird sie im Unternehmensrecht in Form sog. „Perpetuierungsziele“ aufrechterhalten[51], ist im Steuerrecht herrschende Meinung[52] und wird auch bei der Auslegung des Art. 14 GG herangezogen[53].

Im Steuerrecht stellt sich bei den meisten Erbfällen das Problem, die unabgeschlossenen steuerrechtlichen Verhältnisse des Erblassers abzuwickeln. Bis zu seinem Tode hat der Erblasser Einkommen erwirtschaftet, Steuern vorausgezahlt oder Steuerschulden aufgebaut. Die steuerlichen Rechtslagen sind mit dem Tod des Erblassers plötzlich subjektlos. Da liegt es nahe, den Erben als neues Subjekt dieser Rechtslagen zu sehen. Die unerwünschte Situation der schwebenden Steuerrechtsverhältnisse ist damit gelöst. Der Erbe setzt die Persönlichkeit des Erblassers im Steuerrecht fort[54].

---

45 *Mitteis,* Römisches Privatrecht, S. 93.

46 *Endemann,* Lehrbuch des Bürgerlichen Rechts 1919, S. 9, 15, 31, 33, 71; *Boehmer,* in: RG-Festgabe, S. 216, 218; *Boehmer,* JW 1938, S. 2634, 2634; *Boehmer,* in: Staudinger, 11. Aufl. 1954, § 1922 Rn. 102.

47 *v. Lübtow,* Erbrecht, S. 664; *Sohm,* Institutionen, S. 554.

48 *Leisner,* Verfassungsrechtliche Grenzen der Erbschaftsbesteuerung, S. 52.

49 *v. Lübtow,* Erbrecht, S. 664 f.; *Muscheler,* Erbrecht, Band I, S. 449, Rn. 837; *Puchta,* Pandekten, § 27, S. 39, § 447, S. 602.

50 § 547 ABGB Sätze 1 und 2 lauten: „Der Erbe stellt, sobald er die Erbschaft angenommen hat, in Rücksicht auf dieselbe den Erblasser vor. Beyde werden in Beziehung auf einen Dritten für Eine Person gehalten.“

51 *Windel,* Über die Modi der Nachfolge, S. 55 ff., 200 ff.

52 RFHE 45, 346, 348; BFHE 105, 483, 485; BFHE 139, 265, 268; *Laule / Bott,* DStR 2002, S. 1373, 1377; *Leisner,* Verfassungsrechtliche Grenzen der Erbschaftsbesteuerung, S. 48 ff.; *Meincke,* in: Schulze-Osterloh, S. 19, 33; *Ruppe,* in: Schulze-Osterloh, S. 45, 47; *Windel,* Über die Modi der Nachfolge, S. 198.

53 *Leisner,* Verfassungsrechtliche Grenzen der Erbschaftsbesteuerung, S. 50 f.; *Windel,* Über die Modi der Nachfolge, S. 200.

54 *Laule / Bott,* DStR 2002, S. 1373, 1377.

Nach diesem weitgehenden Verständnis der Universalsukzession als Persönlichkeitsfortsetzung ist der Übergang von im Zeitpunkt des Erbfalls noch nicht entstandenen Schulden prinzipiell sehr leicht zu konstruieren. Wenn der Erbe und der Erblasser ein und dieselbe Person sind, muss der eine alle Schulden des anderen ersetzen. Der Erbe erbt nach der Theorie der Persönlichkeitsfortsetzung nicht ein Vermögen, sondern die vermögensrechtliche Persönlichkeit des Erblassers[55]. Also haftet er auch wie der Erblasser für die noch in der Entwicklung befindlichen Schulden, wenn sie später entstehen. Schließlich sind beide, Erblasser und Erbe, gleichermaßen Schuldner. Wenn der Erbe den Erblasser repräsentiert, kann jeder Gläubiger sich an ihn wenden, so wie er sich an den Erblasser wenden würde, wenn dieser noch lebte.

Grundsätzlich stellen Rechtslagen oder Eigenschaften des Erblassers, die nicht auf den Erben übergehen sollen, nach der Theorie der Persönlichkeitsfortsetzung lediglich Ausnahmen dar. So ist in § 45 Abs. 1 S. 2 AO der Übergang von Zwangsgeldern ausdrücklich ausgeschlossen. Persönliche Eigenschaften wie Behinderung oder Beruf entfalten ihre Rechtswirkungen beim Erben nach dem Bundesfinanzhof nur dann, wenn sie bei ihm selbst vorliegen[56].

Es ist jedoch fraglich, ob in Bezug auf das Steuerrecht, dessen § 45 Abs. 2 AO auf das bürgerliche Recht verweist, die Idee der persönlichen Repräsentation nicht zu weitgehend ist. § 45 Abs. 1 AO spricht lediglich davon, dass Forderungen und Schulden auf den Rechtsnachfolger übergehen. Es besteht auch kein besonderer Bedarf, die Rechtsnachfolge im Steuerschuldverhältnis umfassender zu begreifen als in zivilrechtlichen Rechtsverhältnissen. Dies gilt insbesondere deshalb, weil gemäß § 45 Abs. 1 S. 2 AO der Übergang von Zwangsgeldern ausgeschlossen wird, was zu einer erbfallbedingten Änderung der Vermögensverhältnisse führt[57]. Es ist daher nicht nachvollziehbar, warum im Steuerrecht die alte Theorie der Persönlichkeitsfortsetzung fortlebt.

Für die zivilrechtliche Gesamtrechtsnachfolge in Deutschland ist dieses Denkmodell aber jedenfalls zu weitreichend. Die Verfasser des BGB haben

55 *Muscheler*, Erbrecht, Band I, S. 449, Rn. 837.
56 BFH, BSt.Bl. II 1969, S. 520, 521.
57 Zur erbrechtlichen Behandlung von Straf- und Bußgeldern siehe unten § 4 VI.

sich eindeutig gegen die Idee der Persönlichkeitsfortsetzung entschieden. Sie beziehen sich grundsätzlich auf eine Nachfolge in Vermögensverhältnisse des Erblassers, nicht auf eine Nachfolge in seine Persönlichkeit. So ist im Vorentwurf zum Erbrecht die Rede von „Übergang der einzelnen Rechte des Erblassers auf den Erben"[58], und in den Motiven heißt es „Sukzession in das Vermögen"[59]. Der Nachlass soll nicht mehr als ein eigenständiges Vermögen weiterexistieren[60]. Erblasser und Erbe sollen im BGB nicht als eine Person angesehen werden. Dies wird schon in der Formulierung des § 1922 BGB deutlich, der lautet, das Vermögen „geht [...] über"[61]. Das Rechtsobjekt Vermögen geht also auf ein neues Subjekt, den Erben, über[62]. Dieser bleibt damit eigenständige Person. Er übernimmt die Erbschaft, repräsentiert aber nicht den Erblasser. Er ist zwar verantwortlich für die Erbschaft und die aus dem Erbfall entstehenden Verpflichtungen. Diese Verantwortlichkeit resultiert aber aus seiner Erbenstellung und aus der Übernahme der Aktiva und Passiva im Nachlass. Durch den Übergang des Vermögens auf den Erben stellt er jedoch nicht die Person des Erblassers vor. Diese Konstruktion ist für das deutsche Zivilrecht daher abzulehnen[63].

2. Gesamtrechtsnachfolge als bloßer Übergang der Aktiva

Die zweite Sicht stellt das gegenteilige Extrem des Verständnisses von Gesamtrechtsnachfolge dar. Sie gesteht der Universalsukzession die geringsten Rechtswirkungen zu. Danach wird der Begriff „Vermögen" in § 1922 BGB eng ausgelegt, so dass er sich nur auf das Aktivvermögen bezieht. Schulden und Pflichten fallen nach diesem engen Verständnis also nicht unter die Bezeichnung „Vermögen"[64]. Außerdem wird davon ausgegangen, dass die Gesamtrechtsnachfolge abschließend in § 1922 BGB geregelt sei. Daher gehen im Wege der Gesamtrechtsnachfolge ausschließ-

---

58 *v. Schmitt,* Erbrecht I, S. 61 / 67.
59 Motive V, S. 2 (*Mugdan* V, S. 1).
60 *Muscheler,* Erbrecht, Band I, S. 448 ff., Rn. 835 ff.; *Windel,* Über die Modi der Nachfolge, S. 201.
61 *Endemann,* Lehrbuch des Bürgerlichen Rechts 1900, S. 19, Rn. 18.
62 *Endemann,* Lehrbuch des Bürgerlichen Rechts 1900, S. 17.
63 *Kipp / Coing,* Erbrecht, § 1 II 1 a, S. 4, Fn. 9.
64 *Schlüter,* in: Erman, § 1922 Rn. 6.

lich die Aktiva auf den Erben über. Der Übergang der Haftung für die Verbindlichkeiten des Erblassers wird zwar dennoch von Vertretern dieser Ansicht nicht in Frage gestellt. Die Haftung des Erben ergibt sich aber danach aus § 1967 BGB. Diese Norm wird aber als eine von der Universalsukzession unabhängige Regelung verstanden[65]. Der Übergang der Verbindlichkeiten vollzieht sich nach dieser Vorstellung also neben dem Übergang des Aktivvermögens.

Die deliktische Handlung und die aus ihr resultierenden Schadensersatzansprüche gegen den Erblasser können nach dieser Vorstellung nicht im Wege der Gesamtrechtsnachfolge auf den Erben übergehen. Ihr Übergang müsste sich ausschließlich aus § 1967 BGB ergeben. Da § 1967 BGB den Erben für die vom Erblasser „herrührenden" Schulden haften lässt, könnte der Erbe nach diesem Verständnis für den aus einer unerlaubten Handlung des Erblassers herrührenden Schaden aufkommen müssen[66]. Der Wortlaut verlangt nämlich nicht, dass die Schulden bereits im Zeitpunkt des Erbfalls entstanden sind, sondern lediglich, dass sie vom Erblasser stammen[67].

Diese Theorie hat aber grundsätzliche Schwächen bei der Erklärung der Folgen der Universalsukzession. Die meisten Rechtsverhältnisse sind gegenseitig und bestehen sowohl aus Forderungen als auch aus Pflichten. Oft sind Forderungen und Leistungspflichten nicht klar voneinander trennbar[68]. Es wirkt daher wenig überzeugend, die Passiva aus der Gesamtrechtsnachfolge auszunehmen. Der Übergang der Rechtsbeziehungen muss als einheitlicher Vorgang betrachtet werden. Dies kann entweder dadurch erreicht werden, dass man unter den Begriff „Vermögen" in § 1922 BGB auch die Passiva subsumiert[69], oder dadurch, dass man annimmt, die Gesamtrechtsnachfolge

65 *Siber,* Erbrecht, S. 4.

66 LG Freiburg, JW 1938, S. 1819, 1820; *Boehmer,* JW 1938, S. 2634, 2636.

67 Dazu ausführlicher unter § 1 II.

68 *Große-Boymann,* in: Burandt / Rojahn, § 1922 Rn. 11; *Lange / Kuchinke,* Lehrbuch des Erbrechts, § 5 II 2 b, S. 87; *Muscheler,* Erbrecht, Band I, S. 411, Rn. 755; *Windel,* Über die Modi der Nachfolge, S. 209.

69 So die h. M., beispielsweise BGHZ 32, 367, 369; BGHZ 104, 369, 371; *Brox / Walker,* Erbrecht, Rn. 10; *Große-Boymann,* in: Burandt / Rojahn, § 1922 Rn. 11; *Leipold,* in: MüKo, § 1922 Rn. 16; *Muscheler,* Erbrecht, Band I, S. 410 ff., Rn. 753 ff.; *Stein,* in: Soergel, § 1922 Rn. 13; *Zimmer,* in: Prütting, § 1922 Rn. 14; *Windel,* Über die Modi der Nachfolge, S. 207 ff.

sei in den §§ 1922, 1967 BGB gemeinsam geregelt[70]. Die Vorstellung, die Universalsukzession bewirke ausschließlich den Übergang des Aktivvermögens, ist daher abzulehnen.

3. Gesamtrechtsnachfolge als Übergang der mit Schulden belasteten Aktiva

Nach dem dritten Erklärungsmodell geht das durch die Schulden belastete Vermögen des Erblassers auf den Erben über[71]. Die Verbindlichkeiten werden nicht als Teil des Vermögens verstanden[72]. Sie fallen nicht unter den Begriff „Vermögen", sondern haben eine eigene, andere Rechtsqualität. Sie lasten aber auf dem Vermögen und gehen daher bei der Gesamtrechtsnachfolge mit der Vermögensmasse auf den Erben über. Das Vermögen ist durch die Haftung für die Verbindlichkeiten gewissermaßen verstrickt, ähnlich wie ein Pfandgegenstand[73]. So sind Vermögen und Schulden untrennbar verbunden und gehen gemeinsam über.

In dieser Theorie lässt sich der alte deutschrechtliche Gedanke erkennen, dass die Schulden Lasten des Vermögens seien[74]. Dem liegt ein Gerechtigkeitsempfinden zugrunde, nach dem das Vermögen den Gläubigern als Haf-

---

So *Enneccerus / Nipperdey,* Allgemeiner Teil des Bürgerlichen Rechts, § 131 II 4, S. 843; *Meincke,* Das Recht der Nachlassbewertung im BGB, S. 76; *Schlüter,* in: Erman, § 1922 Rn. 6.

70 *Kipp,* Lehrbuch des Bürgerlichen Rechts, § 91 II 2, S. 502; *Meincke,* Das Recht der Nachlassbewertung im BGB, S. 74 ff. Meincke erklärt zwar, dass die Verbindlichkeiten nicht zum Nachlass gehören. Er sieht aber zwischen Nachlass und Nachlassverbindlichkeiten eine „gedankliche Beziehung" (S. 76), reduziert also die Gesamtrechtsnachfolge nicht auf den Übergang der Aktiva, sondern akzeptiert damit den Übergang der Nachlassverbindlichkeiten als Teil der Universalsukzession.

71 *Binder,* Die Rechtsstellung des Erben, I. Teil, § I, S. 14; *Dernburg,* Das bürgerliche Recht, § 103 VI 2, S. 355.

72 *Boehmer,* in: RG-Festgabe, S. 216, 239.

73 Formulierungen nach Boehmer und Endemann: *Boehmer,* in: RG-Festgabe, S. 216, 239, Fn. 3; *Endemann,* Lehrbuch des Bürgerlichen Rechts 1919, S. 835 unter 3 b.

74 *Gierke,* Schuld und Haftung, S. 11; Motive II, S. 151 (*Mugdan* II, S. 83); *Möschel,* in: MüKo, 3. Aufl. 1994, § 419 Rn. 1; *Wilburg,* in: FS Larenz, S. 661, 664, Fn. 14.

tungsmasse erhalten bleiben muss. Dieses Rechtsempfinden war zur Zeit des Inkrafttretens des BGB noch sehr verbreitet. Auch der § 419 BGB a. F.[75] entstammte dieser deutschrechtlichen Vorstellung[76]. Wer die Vermögensmasse übernimmt, der muss auch für die Schulden haften. Prinzipiell reichte bei diesem Verständnis allein die Regelung des § 1922 BGB, um auch die Verbindlichkeiten auf den Erben übergehen zu lassen. Denn wenn man davon ausgeht, die Schulden hafteten an der Vermögensmasse, dann könnten sie auch ohne die gesonderte Regelung des § 1967 BGB auf den neuen Inhaber des Vermögens übergehen. Man kann aber auch den Ausdruck „Vermögen" in § 1922 BGB eng verstehen, so dass danach allein das Aktivvermögen übertragen wird[77], und gerade in der zusätzlichen Regelung des § 1967 BGB den Beweis dafür sehen, dass der Gesetzgeber den Gedanken, die Schulden seien Lasten des Vermögens, verwirklichen wollte.

Auch die erst nach dem Erbfall aus einer vom Erblasser begangenen deliktischen Handlung entstehenden Schulden müssten nach dieser Theorie Lasten des Vermögens sein. Man könnte an dem Übergang dieser Schulden zweifeln, da sie im Zeitpunkt des Erbfalls noch nicht vorhanden sind und somit noch nicht als reale Belastung des übergehenden Aktivvermögens verstanden werden könnten. Allerdings könnte man die Belastung des Erblasservermögens durch die Passiva auch als abstrakte Last verstehen, die im Zeitpunkt des Erbfalls noch nicht konkretisiert sein muss. Anderenfalls ließe sich so der Übergang von Pflichten, die erst nach dem Erbfall entstehen,

---

75 Der am 1.1.1999 aufgehobene § 419 BGB lautete:
(1) Übernimmt jemand durch Vertrag das Vermögen eines anderen, so können dessen Gläubiger, unbeschadet der Fortdauer der Haftung des bisherigen Schuldners, von dem Abschlusse des Vertrags an ihre zu dieser Zeit bestehenden Ansprüche auch gegen den Übernehmer geltend machen.
(2) Die Haftung des Übernehmers beschränkt sich auf den Bestand des übernommenen Vermögens und die ihm aus dem Vertrage zustehenden Ansprüche. Beruft sich der Übernehmer auf die Beschränkung seiner Haftung, so finden die für die Haftung des Erben geltenden Vorschriften der §§ 1990, 1991 entsprechende Anwendung.
(3) Die Haftung des Übernehmers kann nicht durch Vereinbarung zwischen ihm und dem bisherigen Schuldner ausgeschlossen oder beschränkt werden.

76 Motive II, S. 151 f. (*Mugdan* II, S. 83 f.); *Wilburg,* in: FS Larenz, S. 661, 664, Fn. 14.

77 *Kipp,* Lehrbuch des Bürgerlichen Rechts, § 91 II 2, S. 502.

nicht erklären. Auch eventuelle vertragliche Gewährleistungsansprüche könnten dann nicht nach dem Vermögensübergang gegen den Erben entstehen.

Die Theorie der auf dem übergehenden Vermögen lastenden Verbindlichkeiten ist jedoch generell schlecht geeignet, die Universalsukzession des BGB zu beschreiben. In dem theoretisch möglichen Fall, dass ein Erblasser keinerlei aktives Vermögen hat, kann dieses Modell den Übergang der Schulden nur schwer erklären[78]. Wenn die Schulden nur Belastungen des gemäß § 1922 BGB übergehenden Erblasservermögens sind, können sie konsequenterweise nicht übergehen, wenn sie nicht mit einem übergehenden Vermögen übertragen werden. Hier erkennt man deutlich, dass die Definition der Gesamtrechtsnachfolge durchaus auch über den Übergang einer Rechtsposition entscheiden kann[79]. Mit dem Verständnis, die Forderungen der Gläubiger des Erblassers seien Lasten auf dem übergehenden Vermögen, ist der Übergang von Passiva auf den Wert der Aktiva begrenzt. Diese Konstruktion von Universalsukzession hat also einschränkende Auswirkungen auf die Rechtsnachfolge.

Außerdem steht die genannte Ansicht im Widerspruch dazu, dass der Erbe zunächst für die Erblasserschulden unbeschränkt haftet[80]. Im Zeitpunkt des Erbfalls verschmelzen die Vermögensmassen des Erblassers und des Erben zu einer Einheit[81]. Der Erbe haftet also unbegrenzt, auch mit seinem eigenen Vermögen, für die Schulden des Erblassers. Wenn man aber die Passiva als Lasten auf der Erbschaft ansieht, lässt sich nicht erklären, wie sie durch die unbeschränkte Haftung auch das Eigenvermögen des Erben belasten können.

Die gedankliche Konstruktion von auf dem Vermögen lastenden Schulden hat also bei der Beschreibung der rechtlichen Vorgänge beim Erbfall diverse Schwächen. Sie passt besser auf die Situation der Erbschaft nach Beschränkung der Haftung. Wenn der Erbe von seiner in den §§ 1975 ff. BGB gegebenen Möglichkeit der Haftungsbeschränkung Gebrauch gemacht hat,

---

78 *Muscheler,* Universalsukzession und Vonselbsterwerb, S. 12.
79 Entgegen *Meincke,* in: Schulze-Osterloh, S. 19, 32 f.; *Trzaskalik,* Steuer und Wirtschaft 1979, S. 97, 98; *Windel,* Über die Modi der Nachfolge, S. 200.
80 *Siber,* Haftung für Nachlaßschulden, S. 31.
81 *Brox / Walker,* Erbrecht, Rn. 640.

haftet er nicht mehr mit seinem gesamten Vermögen für die Verbindlichkeiten aus dem Erbfall. In diesem Fall steht nur noch das Erblasservermögen als Haftungsmasse zur Verfügung. Dann ist die Vorstellung stimmig, die Erblasserschulden seien Lasten des Erblasservermögens. Die Gläubiger können jetzt nur noch auf die Erbschaft selbst zugreifen. Sind die Aktiva der Erbschaft erschöpft, sind die weiteren Schulden ungedeckt. Die Forderungen der Erbschaftsgläubiger gehen ins Leere. Die Idee der Schulden als Lasten auf dem Erblasservermögen ist aber nicht geeignet, die Universalsukzession des BGB im Moment des Erbfalls zu beschreiben.

4. Übergang der Aktiva und Passiva im Ganzen

Die vierte Auffassung lässt durch die Universalsukzession Aktiva und Passiva als Ganzes auf den Erben übergehen. Zu diesem Verständnis der Gesamtrechtsnachfolge kann man wiederum auf zwei verschiedenen Wegen kommen[82]: entweder, indem man den Begriff „Vermögen" in § 1922 BGB weit auslegt[83] oder indem man sagt, die Gesamtrechtsnachfolge sei nicht allein in § 1922 BGB, sondern in den §§ 1922, 1967 BGB gemeinsam normiert[84].

Nach der weiten Auslegung schließt das „Vermögen" in § 1922 BGB die Verbindlichkeiten mit ein. Die Aussage des § 1922 BGB wird also so verstanden, dass Aktiva und Passiva im Ganzen übergehen. Die Verbindlichkeiten sind nach dieser Interpretation Bestandteil des Vermögens[85]. Nach diesem Verständnis sind im Vermögen auch die Schulden und Pflichten enthalten. Die Passiva sind also negative Vermögenswerte. Bei wertmäßiger Betrachtung sind sie rechnerische Abzugsposten des Nachlasses[86].

Auch wenn man davon ausgeht, die Passiva seien nicht Bestandteil des in § 1922 BGB genannten „Vermögens", gehen Aktiva und Passiva als Ganzes im Rahmen der Universalsukzession auf den Erben über,

82 Wie schon oben die 2. Theorie.
83 *Brox / Walker,* Erbrecht, Rn. 10; *Leipold,* in: MüKo, § 1922 Rn. 16; *Muscheler,* Erbrecht, Band I, S. 410 ff., Rn. 753 ff.
84 *Enneccerus / Nipperdey,* Allgemeiner Teil des Bürgerlichen Rechts, § 131 II 4, S. 843.
85 *v. Lübtow,* Erbrecht, S. 1089, Rn. 2.
86 Begriff nach *Boehmer,* in: RG-Festgabe, S. 216, 239), der diese Ansicht kritisiert.

wenn man § 1967 BGB als Teil der Regelung der Gesamtrechtsnachfolge begreift. Wenn die Universalsukzession in den §§ 1922, 1967 BGB zusammen geregelt ist, gehen nach § 1922 BGB die Aktiva und nach § 1967 BGB die Passiva über. Gesamtrechtsnachfolge bewirkt danach also auch den Übergang sowohl der Aktiva als auch der Passiva, ebenso wie wenn man die Passiva unter den Begriff „Vermögen" subsumiert. Wegen dieses gemeinsamen Übergangs „im Ganzen" kann man die Passiva also auch nach dieser Herleitung als rechnerische Abzugsposten des Vermögens bezeichnen.

Teilweise wird an diesem Erklärungsmodell, ebenso wie an dem zweiten Modell, bei dem die Schulden auf den Vermögenswerten lasten[87], kritisiert, es könne den Übergang einer überschuldeten Erbschaft nicht erklären[88]. Aber auch wenn man die Verbindlichkeiten als negative Vermögensbestandteile versteht, können Schulden übergehen, selbst wenn sie die Höhe der Aktiva übersteigen[89]. Das Vermögen kann nämlich auch einen negativen Wert haben. Anderenfalls wäre es schon zu Lebzeiten des Erblassers nicht möglich, dass er sich über sein Vermögen hinaus verschuldet. Anders als bei dem zweiten Erklärungsmodell sind die Passiva nach dieser Ansicht aber nicht als auf den Vermögenswerten lastend von diesen abhängig. Auch ein nur aus Passiva bestehender Nachlass geht daher nach dieser Auffassung problemlos im Wege der Gesamtrechtsnachfolge auf den Erben über.

Im Übrigen sagt der Ausdruck „negativ rechnerische Vermögensbestandteile" nichts darüber aus, wann (oder ob überhaupt) eine Verrechnung vorgenommen werden muss. Die Schulden können auch erst nach dem Erbfall entstehen und dann gedanklich von den Aktiva abgezogen werden. Die Erbschaft, das Vermögen des Erblassers, ist eine in ständigem Wandel befindliche, gedachte Masse von Werten und Verbindlichkeiten[90]. So schwanken etwa die Nominalwerte seiner Aktien ebenso wie die Werte seiner Forderungen, die vielleicht durch Ausfall entwertet oder durch

---

87 Siehe oben § 1 I 2.
88 *Boehmer,* Erbfolge und Erbenhaftung, S. 64, *Boehmer,* in: RG-Festgabe, S. 216, 240.
89 *Windel,* Über die Modi der Nachfolge, S. 212.
90 *Windel,* Über die Modi der Nachfolge, S. 212 und Fn. 65.

Erfüllung aufgewertet werden. Es gibt keinen Moment, in der man die Höhe des Vermögens exakt bestimmen könnte. Entgegen Boehmers Verständnis[91] erstarrt das Vermögen des Erblassers nicht mit dem Erbfall[92]. Der Erbe tritt so in die Rechtsstellung des Erblassers ein, dass das Vermögen des Verstorbenen weiter den gleichen Schwankungen ausgesetzt ist, denen es auch bei ihm selbst, im Falle seines Weiterlebens, unterlegen hätte. Es können auch plötzlich neue Schulden in Betracht zu ziehen sein, wie eben Schadensersatzforderungen, die von einer unerlaubten Handlung des Erblassers herrühren, aber erst nach dem Erbfall entstehen. Selbst die Entscheidung des Erben, seine Haftung auf die Erbschaft zu begrenzen, führt nicht zu einem Erstarren der Erbschaft. Auch wenn der Erbe den Nachlass durch Haftungsbeschränkung von seinem Vermögen absondert, wird der Nachlass nicht auf einen unveränderlichen Wert festgesetzt. Er bleibt auch als bloße Haftungsmasse zur Befriedigung der Gläubiger den üblichen Wertschwankungen ausgesetzt. Ein Erstarren des Nachlasses ist nur durch Liquidation denkbar[93]. Es ist allenfalls aus Sicht des Erben möglich, den Nachlass zu veräußern und so mit dem erhaltenen Erlös einen rechnerisch feststehenden Wert zu realisieren.

Das genannte Erklärungsmodell führt auch nicht etwa zu einer Haftungsbeschränkung auf die Erbschaft[94]. Die gesamte Erbschaft geht auf den Erben über, unabhängig davon, ob sie rechnerisch einen positiven oder negativen Vermögenswert hat. Da der Nachlass mit dem bereits vorhandenen Vermögen des Erben verschmilzt, beide Vermögensmassen also eine Einheit werden, muss der Erbe persönlich haften, mit seinem ganzen Vermögen. Es wird ihm lediglich nach § 2014 BGB bis zur Annahme der Erbschaft ein Aufschub zur Zahlung gewährt. Dass er aber bereits zu diesem Zeitpunkt persönlicher Schuldner ist, zeigt sich darin, dass in der Zeit des Zahlungs-

---

91 *Boehmer,* Erbfolge und Erbenhaftung, S. 64.

92 *Schmidt-Kessel,* WM 2003, S. 2086, 2087; *Siber,* Haftung für Nachlaßschulden, S. 74 f.; *Windel,* Über die Modi der Nachfolge, S. 212.

93 *Windel,* Über die Modi der Nachfolge, S. 212, argumentiert, es komme gerade deshalb nicht zu einem „Erstarren“ des Vermögens im Erbfall, weil der Erbe die Entscheidung treffen könne, den Nachlass durch Liquidation erstarren zu lassen oder nicht.

94 A. A. *Boehmer,* in: RG-Festgabe, S. 216, 240; *Enneccerus / Nipperdey,* Allgemeiner Teil des Bürgerlichen Rechts, § 131 II 4, S. 843.

aufschubs dennoch Verzugszinsen anfallen[95]. Daneben räumt das Gesetz dem Erben die Möglichkeit ein, seine Haftung gemäß §§ 1975 ff. BGB nachträglich auf den Nachlass zu beschränken. Der Normalfall ab dem Erbfall ist aber die unbeschränkte, persönliche Haftung des Erben. Diese unbeschränkte Haftung ist mit der Vorstellung vereinbar, die Passiva seien negative Bestandteile der Erbschaft.

Daneben führt die Tatsache, dass mehrere Erben unabhängig von der Größe ihres Anteils immer für sämtliche Verbindlichkeiten haften[96], auch nicht etwa zwingend dazu, dass die Haftung personengebunden ist. Die Erben haften zur gesamten Hand, um dem Gläubiger das Eintreiben seiner Forderung zu vereinfachen. Sie sind untereinander eher in der Lage, sich zum Zweck eines gegenseitigen Ausgleichs auseinanderzusetzen. Dem Gläubiger wäre es nicht zuzumuten, sämtliche Erben ausfindig zu machen und jeweils Bruchteile seines Anspruchs einzufordern[97]. Die verschärfte Haftung soll die Erben dazu anhalten, die Verbindlichkeiten gemäß § 2046 Abs. 1 BGB möglichst noch vor der Teilung zu ersetzen[98]. Aber auch im Rahmen der gesamthänderischen Haftung ist die Verbindlichkeit ein Abzugsposten des Vermögens des Erblassers. Sie wird aus diesem Vermögen nur einmal beglichen. Dass der Gläubiger die Forderung von jedem Erben ganz einfordern kann, bindet sie nicht an die Person des erfüllenden Erben. Dieser muss zwar das Ausfallrisiko seiner Miterben tragen. Er haftet aber in Innenverhältnis nur gemäß seinem Anteil an der Erbschaft. Man kann die Verbindlichkeit also auch für ihn als Abzugsposten des Vermögens sehen.

5. Übergang der gesamten vererbbaren Rechtsstellung des Erblassers

Das Modell, nach dem die gesamte vererbbare Rechtsstellung bzw. das gesamte Pflichtenleben des Erblassers auf den Erben übergeht, ist noch

---

95 *Weidlich,* in: Palandt, § 2014 Rn. 3; *Küpper,* in: MüKo, § 2014 Rn. 5; *Muscheler,* Erbrecht, Band I, S. 412, Rn. 757; *Schlüter,* in: Erman, vor § 2014 Rn. 4; a. A. *Brox / Walker,* Erbrecht, Rn. 706.

96 *Wolf,* in: Soergel, § 2058 Rn. 6.

97 Anders als nach der römischen Regel des *nomina ipso iure divisa*, nach der ein Gläubiger einer teilbaren Schuld von jedem Erben nur dessen Anteil fordern konnte. Siehe dazu *Kaser,* Das römische Privatrecht 1975, § 295 I, S. 541.

98 *Ann,* in: MüKo, § 2058 Rn. 7.

umfassender als die vierte Lehre, die Aktiva und Passiva im Ganzen auf den Erben überträgt. Dieses Modell wurde von Gustav Boehmer entwickelt[99]. Sowohl die Theorie von den auf dem Vermögen lastenden Schulden[100] als auch die Idee des Übergangs des Vermögens als Ganzes mit den Schulden als Abzugsposten des Vermögens[101] hält er für materialistische Auffassungen, die den Begriff der Verbindlichkeit fehlinterpretieren[102]. Dagegen betont er den Übergang der Leistungspflichten des Erblassers auf den Erben. Die anderen Lehren seien zu sehr auf Vermögenswerte bezogen und zu wenig auf die Person des Schuldners[103]. Boehmer legt Wert darauf, den Begriff Verbindlichkeit als eine Kombination aus „Schuld“ und „Haftung“ zu verstehen[104]. Dabei bedeutet die „Schuld“ ein Leistensollen der Schuldperson[105], das aus Erfüllungspflicht und Einstandspflicht besteht. Die „Schuld“ bezieht sich auf die Person des Schuldners und fordert von ihm ein gewissermaßen freiwilliges Verhalten[106], sie bindet seinen Willen[107]. Die „Haftung“ bezeichnet demgegenüber das Unterworfensein des Vermögens unter das Zwangsbefriedigungsrecht des Gläubigers[108]. Sie bezieht sich also allein auf das Vermögen des Schuldners, nicht auf seine Person. Bei der Gesamtrechtsnachfolge trifft den Erben nicht nur die Haftung für die Verbindlichkeiten des Erblassers. Es wird nicht etwa lediglich sein Vermögen dem Zugriff der Gläubiger ausgesetzt, sondern der Erbe wird Schuldner, ihn persönlich treffen die Leistungspflichten, denen der Erblasser unterlag. Wegen des Übergangs der „Schuld“ wird von ihm ein normgemäßes Verhalten verlangt, es wird nämlich erwartet, dass er die Pflichten freiwillig erfüllt[109]. Während

---

99 *Boehmer,* Erbfolge und Erbenhaftung, *Boehmer,* in: RG-Festgabe, S. 216 ff., *Boehmer,* JW 1938, S. 2634.

100 Siehe oben Theorie Nr. 2.

101 Siehe oben Theorie Nr. 3.

102 *Boehmer,* in: RG-Festgabe, S. 216, 239 ff.

103 *Boehmer,* in: RG-Festgabe, S. 216, 239.

104 *Boehmer,* in: RG-Festgabe, S. 216, 230 ff.; *Marotzke,* in: Staudinger, vor §§ 1967–2017 Rn. 6.

105 *Brox / Walker,* Erbrecht, Rn. 638; *Gierke,* Schuld und Haftung, S. 7 ff.

106 *Boehmer,* in: RG-Festgabe, S. 216, 233.

107 *Boehmer,* in: Staudinger, 11. Aufl. 1954, Erbrecht, Einl. § 28 Rn. 26.

108 *Boehmer,* in: RG-Festgabe, S. 216, 231; *Gierke,* Schuld und Haftung, S. 11; *v. Lübtow,* Erbrecht, S. 1088.

109 *Boehmer,* in: RG-Festgabe, S. 216, 233.

die Regelung der Vermögensübernahme nach § 419 BGB a. F. dem Übernehmer lediglich eine Haftung zumutet, der Vermögensübernehmer aber selbst nicht zu einer Handlung verpflichtet ist, sondern nur sein Vermögen haftet, liegt dies beim Erben anders[110].

Die von § 419 BGB a. F. geschaffene Haftungslage wurde bereits in der fast 100-jährigen Geltungszeit dieser Norm unterschiedlich aufgefasst. Generell ging man davon aus, die Haftung gemäß § 419 BGB a. F. sei mit der Erbenhaftung vergleichbar[111]. Uneinigkeit bestand aber schon in der Frage, ob der Vermögensübernehmer gegenständlich beschränkt, also nur mit dem übernommenen Vermögen, haftet[112] oder ob er zunächst persönlich auch mit seinem eigenen Vermögen haftet und diese Haftung lediglich beschränkbar ist[113]. Laut den Motiven haftet der Übernehmer „[…] nicht über den Werth des Aktivvermögens hinaus, direkt und persönlich […]"[114]. Offensichtlich war die Beschränkung zumindest leichter herbeizuführen als bei der Erbfolge, da es genügte, wenn der Übernehmer sich auf die in § 419 Abs. 2 BGB a. F. geregelte Haftungsbeschränkung berief[115].

Während Boehmer bei der Erbenhaftung eine Leistungspflicht annimmt, geht er davon aus, dass § 419 BGB a. F. eine bloße Haftung bewirkt. Somit entsteht nach seiner Ansicht durch die Vermögensübernahme keine persönliche Haftung, auch mit dem eigenen Vermögen des Übernehmers[116]. Die Beschränkung der Haftung sei vielmehr die Regel. Dies gelte auch bei anderen Normen, nach denen Verbindlichkeiten übertragen würden, wie etwa bei der Teilung des Gesamtgutes gemäß § 1480 BGB[117]. Aus der beschränkten Haftung schließt Boehmer, dass bei diesen Haftungsnormen kein Leistensollen entsteht, anders als bei der Erbschaft, die die unbeschränkte Haftung zum

---

110 *Boehmer,* in: RG-Festgabe, S. 216, 250.
111 *Möschel,* in: MüKo, 3. Aufl. 1994, § 419 Rn. 44.
112 So beispielsweise *Zeiss,* in: Soergel, 11. Aufl. 1990, § 419 Rn. 11.
113 RGZ 123, 52, 55; *Heinrichs,* in: Palandt, 57. Aufl. 1998, § 419 Rn. 16; *Kaduk,* in: Staudinger, 12. Bearbeitung 1994, § 419 Rn. 122; *Möschel,* in: MüKo, 3. Aufl. 1994, § 419 Rn. 39.
114 Motive II, S. 151 (*Mugdan* II, S. 83).
115 *Kaduk,* in: Staudinger, 12. Bearbeitung 1994, § 419 Rn. 122.
116 *Boehmer,* in: RG-Festgabe, S. 216, 250.
117 *Boehmer,* in: RG-Festgabe, S. 216, 251.

Grundsatz hat[118]. Es ist aber zweifelhaft, die Frage, ob jemanden ein Leistensollen trifft oder nicht, danach zu entscheiden, ob er unbeschränkt oder nur beschränkt haftet. Boehmer geht davon aus, dass ein Leistensollen immer auch eine persönliche Haftung mit dem gesamten Vermögen nach sich ziehe[119]. Wenn die Betonung des Leistensollens auf der bloßen Personenbezogenheit der zur Befriedigung der Gläubiger zur Verfügung stehenden Masse läge, dann wäre selbstverständlich die Frage ausschlaggebend, ob die Haftung beschränkt ist (dann ist sie vermögensbezogen) oder ob die Person unbeschränkt haftet (dann ist sie personenbezogen). Diese banale Unterscheidung nach dem Anknüpfungspunkt der Haftungsmasse kann aber von Boehmer nicht bezweckt sein, wenn er von einem Leistensollen, einer freiwilligen Schuldbegleichung oder der Gebundenheit an normgemäßes Verhalten[120] spricht. Offensichtlich liegt ihm an der Feststellung einer anderen Qualität des Leistensollens gegenüber der bloß wirtschaftlichen Haftung[121]. Er will in das Leistensollen eine moralische Komponente einbeziehen, durch die der Schuldner zur Leistung verpflichtet ist, statt bloß der Zwangsvollstreckung unterworfen zu sein[122]. Insofern verwundert es aber, dass er bei unbeschränkter Haftung ein Leistensollen annimmt und es bei beschränkter Haftung ausschließt[123]. Zweifellos gehen bei der Universalsukzession weit mehr und andersartige Pflichten über als nach § 419 BGB a. F. Zum einen bezog sich § 419 BGB a. F. lediglich auf die Haftung für vermögenswerte Pflichten, zum anderen nur auf Pflichten, die zum Zeitpunkt des Vertragsschlusses[124] oder spätestens der Vermögensübernahme[125] bereits bestanden. Es ist aber nicht ersichtlich, warum für diese übergehenden Pflichten nach § 419 BGB a. F. eine andere Haftungsqualität ohne Leistensollen bestehen soll. § 419 BGB a. F. hatte die Wirkungen eines Schuldbeitritts[126]. Der ursprüngliche Vermögensinhaber

---

118 *Boehmer,* in: RG-Festgabe, S. 216, 241, 250.
119 *Boehmer,* in: RG-Festgabe, S. 216, 241, 250.
120 *Boehmer,* in: RG-Festgabe, S. 216, 233.
121 *Boehmer,* in: RG-Festgabe, S. 216, 248.
122 *Boehmer,* in: RG-Festgabe, S. 216, 219, 230.
123 So aber *Boehmer,* in: RG-Festgabe, S. 216, insbes. 250 f.
124 *Heinrichs,* in: Palandt, 57. Aufl. 1998, § 419 Rn. 14.
125 *Wilburg,* in: FS Larenz, S. 661, 662.
126 *Heinrichs,* in: Palandt, 57. Aufl. 1998, § 419 Rn. 13; *Möschel,* in: MüKo, 3. Aufl. 1994, § 419 Rn. 39.

und der Vermögensübernehmer waren also Gesamtschuldner[127]. Es ist nicht nachvollziehbar, warum bei der Gesamtschuldnerschaft den einen Schuldner ein Leistensollen trifft, den anderen nur eine Haftung[128]. Weiter ist nicht überzeugend, bei einem beschränkt haftenden Schuldner keine Leistungspflichten zu erkennen und davon auszugehen, dass lediglich sein Vermögen in dem beschränken Umfang der Zwangsvollstreckung unterworfen sei. Jeden Schuldner trifft eine Verpflichtung zu erfüllen, auch wenn bei dem einen die Zwangsvollstreckung in das gesamte, bei dem anderen nur in einen Teil des Vermögens erfolgt. Die unterschiedlich weitgreifenden Zwangsmaßnahmen ändern nichts an der Qualität der Verpflichtung an sich.

Boehmer ist aber darin zuzustimmen, dass Verbindlichkeiten generell eine Leistungspflicht, ein wirkliches Sollen enthalten, also nicht lediglich eine passive Unterworfenheit unter die Zwangsvollstreckung bedeuten[129]. Wie Boehmer richtig darlegt, sind die Gesetze nicht etwa bloße Entscheidungsnormen, durch deren Subsumption der Jurist Konsequenzen für den Rechtssuchenden ableiten kann[130]. Die gesetzlichen Regeln richten sich auch direkt an die Person selbst und erwarten von ihr ein regelkonformes Handeln[131]. Da bereits die Gesetze das Verhalten der Adressaten regeln, enthält die konkrete Verbindlichkeit umso mehr eine tatsächliche Erfüllungspflicht[132]. Die Verbindlichkeit hat nicht lediglich im Falle der Nichterfüllung Konsequenzen, sondern bedeutet ein Leistensollen des Schuldners. Dies muss dann aber immer und für alle Verbindlichkeiten gelten. Eine Unterscheidung in Schuldner, die leisten sollen, und andere Schuldner, die lediglich der Zwangsvollstreckung unterworfen sind, ist nicht plausibel. Diese Vorstellung lässt sich allenfalls auf den Fall der Bürgschaft nach den §§ 765 ff. BGB anwenden. Der Bürge ist selbst nicht Schuldner, er haftet also nur mit seinem Vermögen für die fremde Schuld. In allen Fällen hingegen, in denen jemand selbst Schuldner ist, wäre es wünschenswert, den Übergang

---

127 BGHZ 54, 101, 104; *Heinrichs,* in: Palandt, 57. Aufl. 1998, § 419 Rn. 13; *Möschel,* in: MüKo, 3. Aufl. 1994, § 419 Rn. 39; *Zeiss,* in: Soergel, 11. Aufl. 1990, § 419 Rn. 11.

128 So aber *Boehmer,* in: RG-Festgabe, S. 216, 250.

129 *Boehmer,* in: RG-Festgabe, S. 216, insbes. 219.

130 *Boehmer,* in: RG-Festgabe, S. 216, insbes. 218.

131 *Boehmer,* in: RG-Festgabe, S. 216, insbes. 218.

132 *Boehmer,* in: RG-Festgabe, S. 216, 219 ff.

des von Boehmer hervorgehobenen Leistensollens, der Schuld, nicht nur bei einzelnen Rechtsnachfolgen wie der Universalsukzession anzunehmen. Das Leistensollen muss generell bei jedem Übernehmer einer Verbindlichkeit angenommen werden, sofern er selbst Schuldner wird. In diesem Punkt bietet also das Erklärungsmodell keinen Vorteil gegenüber dem dritten Denkmodell, nach dem die Passiva als negative Vermögensbestandteile übergehen. Denn auch nach der dritten Konstruktion wird der Erbe selbst Schuldner der Erblasserverbindlichkeiten. Ihn trifft daher genauso ein Leistensollen wie nach Boehmer, der das Pflichtenleben übergehen lässt.

Auch Boehmers Auffassung ist unabhängig von der Entscheidung, ob Verbindlichkeiten bereits von § 1922 BGB erfasst werden oder erst gemäß § 1967 BGB übergehen. Man kann sowohl nach der einen als auch nach der anderen Ansicht vertreten, dass der Erbe in das gesamte Pflichtenleben des Erblassers eintritt. Beispielsweise versteht von Lübtow den § 1922 BGB so weit, dass er die gesamte vererbliche Rechtsstellung übergehen lässt[133]. Die §§ 1967 Abs. 1, 2058 BGB haben daneben für ihn nur deklaratorische Bedeutung[134]. Laut Boehmer gehen dagegen nach § 1922 BGB nur das Aktivvermögen und die Haftung für die Erblasserschulden über[135]. Für die eigenständige Leistungspflicht des Erben bedürfe es aber des § 1967 BGB[136]. Begrifflich verwundert es, dass er annimmt, die „Haftung" könne bereits nach § 1922 BGB übergehen, für den Übergang des Leistensollens bedürfe es aber des § 1967 BGB, der gerade von der Haftung des Erben spricht. Die Verfasser des BGB benutzten nicht dieselben Begriffe wie Boehmer, denn dem Wortlaut des § 1967 BGB nach müsste man eher davon ausgehen, dass der Erbe gerade nicht ein dem Erblasser gleichwertiger Schuldner sein solle, sondern lediglich die bloße Haftung übernehme[137]. Allerdings wird der Wortlaut des § 1967 Abs. 1 BGB unterschiedlich verstanden[138]. So sieht von

133 *v. Lübtow,* Erbrecht, S. 1089.

134 *v. Lübtow,* Erbrecht, S. 1090.

135 *Boehmer,* in: Staudinger, 11. Aufl. 1954, Erbrecht, Einl. § 28 Rn. 26 u. § 1922 Rn. 80; *Marotzke,* in: Staudinger, vor §§ 1967–2017 Rn. 5, 7.

136 *Boehmer,* in: Staudinger, 11. Aufl. 1954, Erbrecht, Einl. § 28 Rn. 26 u. § 1922 Rn. 80; *Marotzke,* in: Staudinger, vor §§ 1967–2017 Rn. 5, 7.

137 So auch die Interpretation von *Lange / Kuchinke,* Lehrbuch des Erbrechts, § 5 II 2 c, S. 87.

138 Siehe dazu auch unten § 1 I 6 b.

Lübtow in dem Wort „haftet“ eine Nachwirkung der prozessrechtlichen Denkweise des römischen und gemeinen Rechts[139]. Wenn man, wie hier vertreten, davon ausgeht, dass jeden Schuldner generell ein Leistensollen trifft, ergibt sich dies bereits mit einem Übergang der Schulden aus § 1922 BGB und ist nicht von einer bloßen Haftung zu trennen.

Die Vorstellung, das gesamte Pflichtenleben des Erblassers gehe auf den Erben über, beschreibt treffend die teilweise komplizierten Rechtswirkungen der Gesamtrechtsnachfolge. Wenn die Pflichten des Erben sich auf nicht eindeutig in Geld messbare Handlungen beziehen, hat diese Theorie die geringsten Schwächen. Insbesondere bei Pflichten, denen sich der Erbe noch nicht einmal durch Haftungsbeschränkung entziehen kann, bietet dieses fünfte Denkmodell die beste Erklärung für die Wirkungen der Gesamtrechtsnachfolge. Dies gilt beispielsweise für die Anzeigepflicht beim Tod eines beauftragten Erblassers gemäß § 673 S. 2 BGB, für Unterlassungspflichten des Erblassers oder für Auskunftspflichten[140]. Soweit es aber um vermögenswerte Rechte und Pflichten geht, ist die Vorstellung, Aktiva und Passiva gehen im Ganzen über, überzeugender. Dieses Verständnis verdeutlicht am besten den wirtschaftlichen Aspekt des Erbens[141]. Die Frage der Vererblichkeit der deliktischen Handlung bezieht sich vornehmlich darauf, eine Entscheidung über die Verteilung der finanziellen Folgen des Schadensereignisses zu treffen. Ein vom Erblasser begangenes Unrecht ist für den Erben kein Makel. Fraglich ist allein die Verteilung der geldwerten Konsequenzen. Es wird entschieden, wer den Schaden finanziell zu tragen hat. Nach der Vorstellung, die Universalsukzession lasse Aktiva und Passiva im Ganzen übergehen, muss der Erbe für die Schulden des Erblassers einstehen. Es gehen jedoch nicht lediglich die Schulden über, die bereits zum Zeitpunkt des Erbfalls vorhanden waren[142]. Durch die Gesamtrechtsnachfolge soll sichergestellt werden, dass ein neues Rechtssubjekt, der Erbe, die Vermögensverhältnisse des Erblassers weiterführt. Falls der Erbe seine Haftung auf den Nachlass beschränkt, so soll jedenfalls dieser den Gläubigern zur

---

139 *v. Lübtow,* Erbrecht, S. 1090.

140 *Boehmer,* in: RG-Festgabe, S. 216, 253.

141 Dies gesteht auch *Boehmer* zu, in: Staudinger, 11. Aufl. 1954, § 1922 Rn. 80; *ders.,* in: RG-Festgabe, S. 216, 248.

142 Siehe genauer unter § 1 II.

Befriedigung erhalten bleiben. Dabei ist nicht gewollt, dass die Vermögensverhältnisse in dem zufälligen Zeitpunkt des Erbfalls eingefroren werden und nur in einem solchen künstlichen Bestand übergehen. Gemeint ist, dass das Vermögen des Erblassers sowohl mit seinen Rechten als auch mit seinen Verbindlichkeiten nun dem Erben zugesprochen wird. Wer erst nach dem Erbfall zum Gläubiger des Nachlasses wird, soll nicht ausgeschlossen sein.

6. Fazit

a) Ergebnis der Theorien

Nach der obigen Darstellung sind das vierte und das fünfte Erklärungsmodell jeweils auf ihre Art geeignet, die Vorgänge der Universalsukzession treffend zu beschreiben.

Das Verständnis der Passiva als negative Vermögensbestandteile ist für den Erben naheliegend, wenn er die Entscheidung treffen muss, ob er seine Haftung auf den Nachlass begrenzt. Er sollte dafür zunächst abwägen, ob der Nachlass überschuldet ist oder nicht. Dabei ist es am einfachsten, die Verbindlichkeiten von den Werten im Nachlass abzuziehen. Es können aber auch nichtfinanzielle Aspekte bei der Entscheidung eine Rolle spielen. Wenn der Erbe an einigen Nachlassgegenständen ein besonderes Affektionsinteresse hat, sind sie für ihn womöglich wertvoller, als ihr reiner Verkehrswert ist. Unabhängig von wirtschaftlichen Faktoren kann aber auch das individuelle Verständnis des Erben von der Rechtsnachfolge den Ausschlag dafür geben, dass er sich gegen eine Haftungsbegrenzung entscheidet. Der Erbe könnte sich für den Erblasser, vor allem, wenn es ein naher Verwandter war, verantwortlich fühlen. Es könnte seinem Ehrgefühl widersprechen, die Haftung auf den Nachlass zu begrenzen und die Gläubiger des Erblassers zu enttäuschen. Ein solcher Erbe, der sich verantwortlich fühlt, die Verhältnisse des nicht mehr dazu fähigen Verstorbenen abzuwickeln, steht sicher dem Verständnis näher, dass er in das Pflichtenleben des Erblassers eintritt.

Man kann also je nach Perspektive und Schwerpunkt der Fragestellung davon sprechen, dass Aktiva und Passiva als Ganzes übergehen oder dass der Erbe in die gesamte Pflichtenstellung des Erblassers eintritt. Insbesondere für die Frage der Vererblichkeit der deliktischen Handlung lassen sich mit dem vierten Denkmodell, dem Übergang als Ganzes, besonders gut die wirtschaftlichen Aspekte des Erbens und Vererbens beleuchten. Der

Gedanke des Übergangs der gesamten Pflichtenstellung hingegen betont in Bezug auf diese Problematik vor allem die Aspekte der Kontinuität, durch die entstandene Rechtsbeziehungen vom Erben fortgeführt werden.

b) Übergang der Verbindlichkeiten nach § 1922 BGB oder § 1967 BGB

Die vieldiskutierte Streitfrage, ob die Verbindlichkeiten bereits nach § 1922 BGB[143] oder erst nach § 1967 BGB[144] übergehen, hat neben der Einteilung in die fünf genannten Lehren keine Auswirkungen. Wie gesehen[145], lassen sich die verschiedenen Erklärungsmodelle der Universalsukzession jeweils über § 1922 BGB allein oder über die §§ 1922, 1967 BGB herleiten. Die h. M., die die Verbindlichkeiten bereits nach § 1922 BGB übergehen lässt[146], verdient den Vorzug. Schließlich spricht der Wortlaut „als Ganzes" sowie die Bezeichnung „Erbschaft" für die Einbeziehung der Passiva in den Begriff „Vermögen"[147]. Auch weil sich in Rechtsverhältnissen Forderungen und Verbindlichkeiten teilweise schwer trennen lassen und eventuell eine Erbschaft auch allein aus Verbindlichkeiten bestehen kann, muss davon ausgegangen werden, dass der Gesetzgeber beides einheitlich in § 1922 BGB aufnehmen wollte[148]. Diese Ansicht steht auch im Einklang mit der Gesetzgebungshistorie. Im ersten Entwurf waren in § 1749, dem Vorgänger des

---

143 So die h. M., beispielsweise: BGHZ 32, 367, 369; BGHZ 104, 369, 371; *Brox / Walker,* Erbrecht, Rn. 10; *Große-Boymann,* in: Burandt / Rojahn, § 1922 Rn. 11; *Leipold,* in: MüKo, § 1922 Rn. 16; *Muscheler,* Erbrecht, Band I, S. 410 ff., Rn. 753 ff.; *Stein,* in: Soergel, § 1922 Rn. 13; *Zimmer,* in: Prütting, § 1922 Rn. 14; *Windel,* Über die Modi der Nachfolge, S. 207 ff.

144 *Enneccerus / Nipperdey,* Allgemeiner Teil des Bürgerlichen Rechts, § 131 II 4, S. 843; *Meincke,* Das Recht der Nachlassbewertung im BGB, S. 76; *Schlüter,* in: Erman, § 1922 Rn. 6.

145 Siehe oben Theorien Nr. 2, 3 und 4.

146 So die h. M., beispielsweise: BGHZ 32, 367, 369; BGHZ 104, 369, 371; *Brox / Walker,* Erbrecht, Rn. 10; *Große-Boymann,* in: Burandt / Rojahn, § 1922 Rn. 11; *Leipold,* in: MüKo, § 1922 Rn. 16; *Muscheler,* Erbrecht, Band I, S. 410 ff., Rn. 753 ff.; *Stein,* in: Soergel, § 1922 Rn. 13; *Zimmer,* in: Prütting, § 1922 Rn. 14; *Windel,* Über die Modi der Nachfolge, S. 207 ff. So *Enneccerus / Nipperdey,* Allgemeiner Teil des Bürgerlichen Rechts, § 131 II 4, S. 843; *Meincke,* Das Recht der Nachlassbewertung im BGB, S. 76; *Schlüter,* in: Erman, § 1922 Rn. 6.

147 *Muscheler,* Jura 1999, S. 234, 237.

148 *Muscheler,* Jura 1999, S: 234, 237 und siehe unten § 1 II 6 b.

§ 1922 BGB, sowohl „die zum Vermögen des Erblassers gehörenden Rechte“ als auch “die vermögensrechtlichen Verbindlichkeiten des Erblassers“ genannt. Der Begriff der „vermögensrechtlichen Verbindlichkeiten“ wurde schließlich mit der Begründung gestrichen, dass „Verbindlichkeiten“ in dem Ausdruck „Vermögen als Ganzes“ enthalten seien[149]. In den Motiven heißt es zu § 2051 E1, dem späteren § 1967 BGB: „Die Vorschrift des ersten Satzes spricht aus, daß mit dem Vermögen als Ganzem [...] auch die einzelnen Rechte und Verbindlichkeiten, aus welchen das Ganze sich zusammensetzt, übergehen [...].“[150]. Wenn die Verfasser des BGB davon ausgingen, „das Ganze“ setze sich aus Rechten und Verbindlichkeiten zusammen, dann gehen die Verbindlichkeiten bereits durch § 1922 BGB auf den Erben über. Im Einklang damit wird im Rahmen der §§ 2092, 2093 E1 die Terminologie erläutert mit: „Im Entw. ist das Wort ‚Nachlaß‘ verwendet, um die Gesamtheit der einzelnen Stücke oder Bestandtheile des Vermögens des Erblassers [...], sowohl der aktiven als der passiven, zu bezeichnen.“[151]. Neben der Normierung der umfassenden Gesamtrechtsnachfolge in § 1922 BGB soll also § 1967 BGB die persönliche Haftung des Erben nur noch einmal klarstellen[152], zusammen mit einer Erläuterung der Nachlassverbindlichkeiten in Abs. 2.

Durch die Entscheidung dieses Streites werden aber keine weiteren Erkenntnisse gewonnen[153]. Zwar kann die Art, wie man den Übergang der Passiva versteht, tatsächlich auch rechtliche Konsequenzen haben[154]. Allerdings hat die Analyse gezeigt, dass sich die verschiedenen Erklärungsmodelle der Gesamtrechtsnachfolge jeweils über § 1922 BGB allein oder über die §§ 1922, 1967 BGB entwickeln lassen[155]. Lediglich die erste, hier aber abgelehnte Konstruktion der Gesamtrechtsnachfolge ist ausschließlich mit einem engen Verständnis des § 1922 BGB denkbar, nachdem dort

149 Prot. I 10606 bei *Jakobs / Schubert*, Erbrecht, S. 289; Prot. I 10614 bei *Jakobs / Schubert*, Erbrecht, S. 293; Motive V, S. 525 (*Mugdan* V, S. 280).

150 Motive V, S. 525 (*Mugdan* V, S. 280).

151 Motive V, S. 603 (*Mugdan* V, S. 324).

152 *Muscheler*, Jura 1999, S. 234, 237.

153 *Marotzke*, in: Staudinger, vor §§ 1967–2017 Rn. 5; *Schlüter*, in: Erman, § 1922 Rn. 6; a. A. *Muscheler*, Erbrecht, Band I, S. 410 ff., Rn. 753 ff.

154 *Muscheler*, Erbrecht, Band I, S. 410 f., Rn. 754.

155 Siehe oben Theorien Nr. 2, 3 und 4.

nur der Übergang des Aktivvermögens regelt sei[156]. Zwar geht Muscheler davon aus, für die Anhänger einer engen Auslegung des Vermögensbegriffs des § 1922 BGB könne die sich allein aus § 1967 BGB ergebende Haftung nur etwas zur Rechtsnachfolge äußerlich Hinzutretendes, eine Belastung der geerbten Aktiva sein[157]. Jedoch ist für die Frage, ob man die Passiva als Lasten des Aktivvermögens ansieht, nicht entscheidend, ob man den Weg über § 1922 BGB oder über die §§ 1922, 1967 BGB nimmt[158]. Die Entscheidung, ob man den Vermögensbegriff des § 1922 BGB weit auslegt oder lediglich auf das Aktivvermögen bezieht, mag für das Verständnis der Gesamtrechtsnachfolge eine Tendenz aufzeigen. Die letztlich entscheidenden qualitativen Unterschiede in der Interpretation der Gesamtrechtsnachfolge liegen aber in den beschriebenen fünf Denkmodellen. Daneben stellt die Entscheidung, ob die Verbindlichkeiten schon nach § 1922 BGB oder erst nach § 1967 BGB übertragen werden, ein Scheinproblem dar, das keine tatsächlichen Konsequenzen hat[159].

II. Übergang der Haftung für nach dem Erbfall entstehende Verbindlichkeiten

Gemäß § 1922 BGB geht die Erbschaft als Ganzes auf den Erben über. Gemäß § 1967 Abs. 2 BGB haftet der Erbe für die vom Erblasser herrührenden Schulden. Fraglich ist, welche Erkenntnisse sich aus diesen beiden Normen für die Haftung der im Zeitpunkt noch nicht bestehenden Verbindlichkeiten ergeben.

In den Motiven ist ausdrücklich erwähnt, dass der Erbe nicht nur für die Verbindlichkeiten, die bereits gegen den Erblasser bestanden, sondern auch für später entstehende Verbindlichkeiten haften soll[160]. Man entschied

156 Siehe oben Theorie Nr. 1.
157 *Muscheler*, Erbrecht, Band I, S. 411, Rn. 754.
158 Siehe oben Theorie Nr. 2.
159 Wobei Muscheler zu dem Streit, nach welcher Vorschrift die Verbindlichkeiten übergehen, drei Theorien präsentiert, von denen eine das hier genannte und abgelehnte erste Denkmodell ist, nach der der Übergang der Passiva nicht zur Universalsukzession gehöre. *Muscheler*, Erbrecht, Band I, S. 410 f., Rn. 753 ff.
160 „Nach dem § 2051 gehen die vermögensrechtlichen Verbindlichkeiten des Erblassers auf den Erben über. Der Erbe haftet jedoch nicht allein für diese,

sich in § 1967 BGB bewusst für das Wort „Nachlassverbindlichkeiten", da man den Begriff „Erbschaftsverbindlichkeiten" als zu eng erachtete. Der Begriff „Erbschaftsverbindlichkeiten" könne nur auf solche Verbindlichkeiten bezogen werden, zu denen bei Eintritt des Erbfalles mindestens der Grund gelegt sei, welche also schon als eine Art von bedingten Rechten bestünden[161]. Es müsse aber auch die Haftung des Erben für solche Verbindlichkeiten berücksichtigt werden, die erst mit oder nach dem Erbfall entstanden seien[162].

Die Verfasser des BGB diskutierten bei den erst mit oder nach dem Eintritt des Erbfalls entstehenden Verbindlichkeiten aber anscheinend nicht explizit deliktische Ansprüche. In den Protokollen der zweiten Kommission finden sich dazu keine Anhaltspunkte. In den Motiven der ersten Kommission werden als mit oder nach dem Erbfall entstehende Verbindlichkeiten lediglich konkret erwähnt die Verbindlichkeiten aus Vermächtnissen und Auflagen sowie Pflichtteilsrechten, ferner die Verbindlichkeiten aus den von einem Testamentsvollstrecker vorgenommenen Rechtsgeschäften und zuletzt eventuelle Verpflichtungen gegenüber Miterben aus einer Teilungsanordnung des Erblassers[163]. Sämtliche von der ersten Kommission genannten Verpflichtungen sind also solche, die von Natur aus notwendig mit einem Erbfall verbunden sind. In den Motiven gibt es keine Hinweise auf Verbindlichkeiten, deren Entstehung lediglich zufällig zeitlich nach einem Erbfall liegt. Derartige Verbindlichkeiten scheinen aber, sofern die erste Kommission sie bedacht hat, ihrer Ansicht nach sogar unter den engen Begriff der „Erbschaftsverbindlichkeiten" zu fallen. Darunter versteht sie immerhin Verbindlichkeiten, zu denen bereits der Grund gelegt ist, so dass sie zur Zeit des Erbfalles schon als eine Art von bedingten Rechten bestehen[164]. Es bleibt daher die Frage, ob die erste Kommission unvollendete deliktischen Ansprüche zu den Verbindlichkeiten zählte, „zu welchen bei dem Eintritte des Erbfalls mindestens der

---

sondern auch für später entstandene Verbindlichkeiten, sofern dieselben ihm als Erben obliegen." Motive V, S. 602 (*Mugdan* V, S. 323).

161 Motive V, S. 602, 604 (*Mugdan* V, S. 323 f.).

162 „Die Haftung des Erben für alle diejenigen Verbindlichkeiten, in Ansehung deren eine Bindung erst mit oder nach dem Eintritte des Erbfalls stattfindet, darf nicht unbestimmt bleiben." Motive V, S. 602 (*Mugdan* V, S. 323).

163 Motive V, S. 603 (*Mugdan* V, S. 323).

164 Motive V, S. 602 (*Mugdan* V, S. 323).

Grund gelegt ist, welche also zu dieser Zeit schon als eine Art von bedingten Rechten bestehen"[165]. Falls nicht, könnte man die Bemerkung nach der die „Haftung des Erben für alle diejenigen Verbindlichkeiten, in Ansehung deren eine Bindung erst mit oder nach dem Eintritte des Erbfalls stattfindet" nicht unbestimmt bleiben dürfe[166], sogar als eine Schranke verstehen, nach der der Erbe nicht für später entstehende Verbindlichkeiten haften darf, falls nichts anderes im Gesetz bestimmt ist. Eine derart strenge Interpretation ist jedoch nicht angebracht, weil die Kommission sich in diesem Teil der Begründung anscheinend keine Gedanken über schwebende Deliktslagen machte. Die Vererblichkeit der deliktischen Handlung wurde hier weder eindeutig statuiert noch ausgeschlossen. Die Materialien zur Entstehung des § 1967 BGB zeigen aber eindeutig, dass Verbindlichkeiten noch nicht im Zeitpunkt des Erbfalls vollständig entstanden sein müssen, um den Erben haften zu lassen[167]. Auch das Wort „herrühren" in § 1967 Abs. 2 BGB bekräftigt diese Interpretation[168]. Der Erbe haftet für alle Schulden, die vom Erblasser herrühren. Er haftet nicht lediglich für die Schulden, für die bereits der Erblasser haftete.

III. Funktionen des Deliktsrechts

Unterschiedliche Zwecke des Deliktsrechts können für oder gegen einen Übergang der deliktischen Handlung sprechen. Es ist daher zu untersuchen, inwiefern die verschiedenen Ziele des Deliktsrechts auch bei Bejahung eines Anspruchs gegen eine andere Person als den Schädiger erfüllt werden, oder ob die ratio legis verlangt, dass Schadensersatzansprüche allein gegen den Verursacher entstehen.

1. Ausgleichsfunktion

Weitgehend anerkannter Zweck des Deliktsrechts ist seine Ausgleichs- oder Kompensationsfunktion[169]. Durch den Schadensersatz soll der erlittene ma-

---

165 Motive V, S. 602 (*Mugdan* V, S. 323).
166 Motive V, S. 602 (*Mugdan* V, S. 323).
167 Motive V, S. 602, 604 (*Mugdan* V, S. 323 f.).
168 BGH, NJW 1991, S. 2558, 2559; LG Freiburg, JW 1938, S. 1819, 1820.
169 *Deutsch,* Allgemeines Haftungsrecht, Rn. 17; *Fuchs,* Delikts- und Schadensersatzrecht, 1. Kapitel B I, S: 4; *Kötz / Wagner,* Deliktsrecht, Rn. 56; *Spickhoff,* in: Soergel, vor § 823 Rn. 30.

terielle Schaden ausgeglichen werden. Das Deliktsrecht entscheidet aber nicht nur über die Gewährung von Ersatzansprüchen, sondern auch über deren Versagung[170]. Den Schaden an einem Rechtsgut muss grundsätzlich der Träger des Rechtsgutes tragen[171]. Die Haftung des Schadensverursachers ist somit eine Ausnahme. Ein Schaden ist nur dann zu ersetzen, wenn ein Schädiger einen Zurechnungsgrund geschaffen hat, aufgrund dessen ihm die Zuständigkeit für den Schadensausgleich zugeschrieben wird[172]. Dem Schädiger wird die Haftung auferlegt, wenn er für den eingetretenen Schaden verantwortlich ist[173]. Wann genau er verantwortlich ist, regeln die verschiedenen Anspruchsnormen des Deliktsrechts. Die Hauptkategorien sind die Verschuldens- und die Gefährdungshaftung. Die Verantwortung besteht generell bereits vor dem Schadenseintritt. Der Schädiger ist verantwortlich, wenn er anders handeln kann und muss[174]. Demnach wird der Grund für den Schadensersatz im Moment der Handlung gesetzt. Wenn später der Schaden eintritt, dann entsteht der Schadensersatzanspruch, damit der Verantwortliche den Verlust des Rechtsträgers ausgleicht. Stirbt der Schädiger vor Eintritt des Schadens, so kann die Vermögensmasse des Verantwortlichen, die Erbschaft, weiterhin dem Rechtsträger zum Ausgleich seines erlittenen Verlustes zur Verfügung stehen. Der Ausgleichszweck kann durch einen Anspruch, der erst gegen den Erben entsteht, genauso erreicht werden wie bei der Anspruchsentstehung gegen den deliktisch Handelnden selbst. Eine Vererblichkeit der deliktischen Handlung ist also im Sinne der Ausgleichsfunktion des Deliktsrechts.

2. Präventionsfunktion

Der Präventionszweck wird neben dem Ausgleichszweck von der h. M. als zumindest gleichwertig angesehen[175]. Durch die Pflicht, einen entstehenden Schaden zu ersetzen, hat der Handelnde einen Anreiz, die Wahrscheinlich-

---

170 *Kötz / Wagner,* Deliktsrecht, Rn. 56.
171 *Deutsch,* Allgemeines Haftungsrecht, Rn. 1 f.
172 *Deutsch,* Allgemeines Haftungsrecht, Rn. 2.
173 *Deutsch,* Allgemeines Haftungsrecht, Rn. 3 f.
174 *Deutsch,* Allgemeines Haftungsrecht, Rn. 3.
175 *Deutsch,* Allgemeines Haftungsrecht, Rn. 18; *Fuchs,* Delikts- und Schadensersatzrecht, 1. Kapitel B III, S. 6; *Schäfer / Ott,* S. 124 ff.; *Spickhoff,* in: Soergel, vor § 823 Rn. 31.

keit eines Schadenseintritts zu minimieren[176]. Das Ziel der Prävention lässt sich am besten erreichen, wenn die deliktische Handlung vererblich ist. Anderenfalls wäre der Anreiz, den Schadenseintritt zu vermeiden, begrenzt auf Schäden, die zu Lebzeiten des Erblassers eintreten. Dann würde manch einer bei Handlungen, die üblicherweise erst nach mehreren Jahren zu einem Schadenseintritt führen, weniger Sorgfalt obwalten lassen. Ebenso könnten unheilbar Kranke oder Menschen, die ihren Tod herannahen sehen, sei es wegen Alters oder eines geplanten Suizid, nachlässiger handeln. Der finanzielle Anreiz, Schäden zu vermeiden, entfiele vollständig in Bezug auf mit einem Suizid einhergehende Folgeschäden[177]. Sämtliche nach dem Freitod entstehenden Schäden, etwa die psychischen Schäden der Rettungskräfte, aber auch nach dem Tod durch das Suizidmittel an fremden Rechtsgütern eintretende Schäden, blieben ohne Ersatz.

3. Genugtuungsfunktion

Es ist umstritten, ob das Deliktsrecht auch eine Genugtuungsfunktion hat[178]. Im Bereich des Schmerzensgeldes werden regelmäßig die Ausgleichs- und die Genugtuungsfunktion genannt[179]. Sie wurde 1973 auch vom BVerfG anerkannt[180]. Gerade bei besonders schweren Rechtsverletzungen, etwa des Persönlichkeitsrechts, oder bei erheblichem Verschulden soll zusätzlich zum generellen Schadensausgleich eine besondere Genugtuung den gestörten Rechtsfrieden wiederherstellen[181]. Die Genugtuungsfunktion steht dabei auch in Beziehung zur Präventionsfunktion[182]. Vorsätzliches Handeln kann durch die Erwartung einer hohen Ausgleichspflicht eventuell verhindert werden. Daher wäre es wieder im Sinne der Präventionsfunktion, die deliktische Handlung auf den Erben übergehen zu lassen, um eine bestmögliche Vorbeugung und Vermeidung von Schäden zu erreichen.

---

176 *Kötz / Wagner,* Deliktsrecht, Rn. 63; *Medicus / Petersen,* Bürgerliches Recht, Rn. 628.
177 Zum Suizid siehe auch § 4 X 2.
178 *Kern*, AcP 191 (1991), S. 247.
179 BGHZ 18, 149; *Deutsch,* Allgemeines Haftungsrecht, Rn. 17.
180 BVerfGE 34, 269, 286.
181 *Deutsch,* Allgemeines Haftungsrecht, Rn. 18.
182 *Deutsch,* Allgemeines Haftungsrecht, Rn. 18.

Die Genugtuungsfunktion bringt eine persönliche Beziehung zwischen Schädiger und Geschädigtem zum Ausdruck, die sich bis zur Aufhebung des § 847 Abs. 1 S. 2 BGB[183] auch darin zeigte, dass der Schmerzensgeldanspruch nicht übertragbar oder vererblich war[184]. Diese persönliche Beziehung muss aber nicht die Vererblichkeit der Zahlungspflicht oder die Vererblichkeit der bei späterem Schadenseintritt zur Ersatzpflicht führenden schwebenden Rechtslage hindern. Die Genugtuungsfunktion kann, wenn auch eventuell in abgeschwächtem Maße, auch noch bei Festsetzung eines Schmerzensgeldanspruchs gegen den Erben des Schädigers erfüllt werden. Zum großen Teil erlangt das Opfer Genugtuung allein durch die objektive Anerkennung der Schwere seiner belastenden, ausgleichswürdigen Schäden.

4. Straffunktion

Wenn das Deliktsrecht neben dem Schadensausgleich auch einen pönalen Zweck verfolgt, könnte man annehmen, es sei nicht im Sinne des Rechts, die deliktische Handlung im Wege der Gesamtrechtsnachfolge auf ein anderes, schuldloses Rechtssubjekt übergehen zu lassen. Geldstrafen und Bußgelder, die zum Zeitpunkt der Gesamtrechtsnachfolge vom Erblasser noch nicht gezahlt worden waren, hat der Erbe mangels Strafbedürfnisses nicht zu zahlen. Das Gesetz schließt in § 459c Abs. 3 StPO und § 101 OWiG die Vollstreckung von Geldstrafen und Bußgeldern gegen den Nachlass aus. Daraus ist zu schließen, dass mit dem Tod des Verpflichteten sogar der Zahlungsanspruch erlischt[185]. Nur eine bereits zu Lebzeiten des Schädigers gezahlte Geldstrafe kann ihren Strafzweck erfüllen, sodass mit seinem Tode der Strafgrund entfällt. Eine zuvor festgesetzte, noch nicht beglichene Geldschuld aus einem Buß- oder Strafgeld wird nicht vom Erben verlangt, da dieser nicht bestraft werden soll.

Das Deliktsrecht mag durch seine Konsequenz der Entschädigungszahlung, insbesondere bei Zahlung für immaterielle Schäden, eine Strafwirkung

---

183 Der am 1.7.1990 aufgehobene § 847 Abs. 1 S. 2 BGB lautete:
„Der Anspruch ist nicht übertragbar und geht nicht auf die Erben über, es sei denn, daß er durch Vertrag anerkannt oder daß er rechtshängig geworden ist."

184 BGHZ 18, 149, 157.

185 *Leipold*, in: MüKo, Einl. §§ 1922–2385 Rn. 216; *Meyer-Goßner*, StPO, § 459 c Rn. 7.

haben[186]. Sie ist aber kein Ziel des Deliktsrechts, wie die Verfasser des BGB ausdrücklich bemerkten[187]. Teilweise werden die verschärften Beweisregeln bei groben Verstößen auf pönale Aspekte zurückgeführt[188]. Aber diese verschärften Beweisregeln dienen ebenfalls der Prävention. Zudem soll dem Geschädigten bei einem Verstoß gegen Dokumentationspflichten die Durchsetzung seiner Rechte erleichtert werden. Umgekehrt hat der Schädiger die Möglichkeit, durch ordnungsgemäße Dokumentation die Einhaltung seiner Sorgfalt zu beweisen.

Das Deliktsrecht verfolgt, wenn überhaupt, einen Strafzweck nur in zweiter Linie. Die Vererblichkeit der deliktischen Handlung kann somit nicht mit dem Argument abgelehnt werden, die Erben sollten nicht bestraft werden.

5. Rechtsverfolgungsfunktion

Ein weiteres Ziel des Haftungsrechts ist die Rechtsverfolgung[189]. Man geht davon aus, das verletzte Interesse setze sich in dem Anspruch auf Schadensersatz fort[190]. Dies muss dann auch über den Tod des Schädigers hinaus gelten. Der Anspruch tritt durch das Surrogationsprinzip an die Stelle des Gutes[191]. Das Entstehen des Anspruchs als Surrogat für das Gut darf nicht durch den Tod des Schädigers gehindert werden.

6. Diskussion

Die Ausgleichs-, Präventions- und Rechtsverfolgungsfunktion des Haftungsrechts sprechen eindeutig für den Übergang der deliktischen Handlung auf den Erben. Sie werden bei Bejahung eines Anspruchs gegen den Erben

186 *Hager,* in: Staudinger, Vorbem. zu §§ 823 ff. Rn. 11; zweifelnd *Wagner*, in: MüKo, Vorbem. § 823 BGB – § 19 ProdHaftG Rn. 42 ff.

187 Motive II, S. 17 f. (*Mugdan* II, S. 10); *Hager,* in: Staudinger, Vorbem. zu §§ 823 ff. Rn. 11.

188 *Lange / Schiemann*, Einl. III 2 d, S. 12; *Hager,* in: Staudinger, Vorbem. zu §§ 823 ff. Rn. 11.

189 *Deutsch,* Allgemeines Haftungsrecht, Rn. 19.

190 *Deutsch,* Allgemeines Haftungsrecht, Rn. 19; *Neuner,* AcP 133 (1931), S. 291 ff.

191 *Deutsch,* Allgemeines Haftungsrecht, Rn. 19; *Neuner,* AcP 133 (1931), S. 291 ff.

genauso erfüllt wie bei einem Anspruch gegen den Schädiger selbst. Allein Genugtuung ist nach dem Tod des Schädigers weniger zu erreichen als bei einer Festsetzung des Schmerzensgeldes gegen den Schädiger selbst.

Das Opfer wird mehr Genugtuung empfinden, wenn es erlebt, wie der Schädiger selbst eine Vermögenseinbuße für das erlittene Unrecht erleidet. Allerdings ist dies kein Argument gegen das Entstehen des Anspruchs beim Erben. Zum einen kann das Opfer auch durch die Schmerzensgeldfestsetzung an sich weitreichende Genugtuung erlangen. Zum anderen wäre die Unerreichbarkeit von Genugtuung kein Grund, den Erben vor der Belastung durch einen Schadensersatzanspruch zu schützen. Insbesondere wird der Erbe durch einen gegen ihn als Erblasserschuld festgesetzten Schadensersatz- und Schmerzensgeldanspruch in keiner Weise stigmatisiert. Es bleibt offensichtlich, dass dem Erben selbst keinerlei Vorwurf gemacht und kein Verschulden zur Last gelegt wird. Sämtliche Zwecke des Deliktsrechts sprechen somit für die Vererblichkeit der deliktischen Handlung.

IV. Fazit

Die Erbenhaftung umfasst grundsätzlich auch Verbindlichkeiten, die erst nach dem Erbfall entstehen. Inwieweit der Erbe für deliktische Ansprüche auch bei Entstehung nach dem Erbfall haftet, lässt sich aber nicht allein durch die Auslegung der Gesamtrechtsnachfolge und der Erbenhaftung klären. Wie gesehen, wird der Übergang der deliktischen Handlung vom Konzept der Gesamtrechtsfolge weder ausgeschlossen noch erzwungen. Keines der Erklärungsmodelle spricht eindeutig für oder gegen das Entstehen eines Ersatzanspruches gegen den Erben. Dieser haftet gemäß § 1967 BGB im Allgemeinen auch für Schulden, die nach dem Erbfall entstehen. Die verschiedenen Funktionen des Deliktsrechts sprechen dafür, dass eine Ersatzpflicht auch gegen den Rechtsnachfolger des Schädigers entsteht. Somit ist es nach dem Gesetz prinzipiell möglich, den Erblasser für die Folgen der deliktischen Handlung des Erblassers einstehen zu lassen. Es ist nunmehr zu erörtern, ob und wie sich ein potentieller Übergang dogmatisch gestalten lässt und in welchen Fällen er von der Rechtsordnung erwünscht ist.

§ 2. Parallele zu Vertrags- und Unterlassungsansprüchen

I. Analogie zu nach dem Tode entstehenden vertraglichen Ansprüchen

Vertragliche Beziehungen des Erblassers sind im Zeitpunkt des Erbfalls oft in Schwebelagen. Aus dem Übergang dieser Schwebelagen auf den Erben können eventuell auch Schlüsse für den Übergang der Schwebelage einer unerlaubten Handlung vor Schadenseintritt gezogen werden. Daher ist im Folgenden zu untersuchen, wie vertragliche Schwebelagen im Rahmen der Gesamtrechtsnachfolge übergehen.

1. Die Haftung des Erben für vertragliche Beziehungen

Unproblematisch wird eine Schuld vererbt, die bereits vom Erblasser begründet wurde, aber erst nach dessen Tod zu erfüllen ist[192]. Beispielsweise erlischt eine Geldschuld des Erblassers nicht dadurch, dass sie gestundet war. Ebenso können bedingte Ansprüche in der Person des Erben entstehen, wenn die Bedingung nach dem Tod des Anspruchsgegners eintritt. Diese Verpflichtungen entstehen bei Eintritt der Bedingung nach dem Tod als Erblasserschulden, weil sie i. S. d. § 1967 Abs. 2 BGB vom Erblasser herrühren.

Sämtliche Folgen von Vertragsabschlüssen, die den Erblasser bei seinem Weiterleben getroffen hätten, müssen gegen die Person des Erben als Erblasserschulden entstehen. Damit können sich die Vertragspartner des Erblassers mit allen Ansprüchen, die gegen den Erblasser entstanden wären, nun an den Erben wenden.

Auch ein vertragswidriges Verhalten des Erblassers muss sich der Erbe zurechnen lassen. Der Erbe wird Schuldner sämtlicher Gewährleistungsansprüche, selbst wenn sie im Zeitpunkt des Erbfalls noch nicht entstanden waren. Ein Nacherfüllungs- oder Nachbesserungsanspruch des Käufers entsteht grundsätzlich im Zeitpunkt der Schlechtleistung. Wenn der Erbe zur Erfüllung

192 *Dietzel,* Untergang statt Fortbestand, S. 20 ff.; *Marotzke,* in: Staudinger, § 1967 Rn. 9.

der Leistungspflicht aus dem Kaufvertrag gemäß § 433 Abs. 1 BGB die Sache übergibt, so ist es der Erbe selbst, der mangelhaft leistet. Hat der Erblasser einen Angestellten angewiesen, eine mangelhafte Kaufsache zu übergeben, und stirbt er, bevor die Übergabe stattgefunden hat, so entstehen die in § 437 BGB genannten Mängelansprüche erst nach dem Erbfall. In diesem Fall könnte man eventuell aber auch annehmen, dass sich, statt dass ein Anspruch nach § 437 BGB originär gegen den Erben entstehe, die unzweifelhaft im Wege der Gesamtrechtsnachfolge übergegangenen Ansprüche auf Übergabe und Übereignung aus § 433 Abs. 1 BGB in einen Nacherfüllungsanspruch umwandeln.

Falls zum Zeitpunkt des Erbfalls bereits ein Mängelanspruch nach § 437 Nr. 1 oder 2 BGB bestand, so muss man bei Hinzutreten weiterer Voraussetzungen, die zu einem in Nr. 3 genannten Schadensersatzanspruch führen, davon ausgehen, dass sich der mit der Gesamtrechtsnachfolge übergegangene Mängelanspruch in den Schadensersatzanspruch umgewandelt hat. In diesen Fällen entsteht also der Schadensersatzanspruch nicht originär gegen den Erben, wie dies bei einem deliktischen Anspruch bei späterem Schadenseintritt der Fall sein müsste.

Übergibt der Erblasser einen Kaufgegenstand mit einer fehlerhaften Montageanleitung und baut der Käufer wegen dieser Anleitung den Gegenstand nach Tod des Verkäufers falsch auf, so könnte der Anspruch wegen § 434 Abs. 2 S. 2 BGB möglicherweise erst im Moment der fehlerhaften Montage entstehen. Nimmt man also an, dass der Anspruch erst entsteht, wenn die Montage aufgrund der fehlerhaften Anleitung entweder nicht versucht wird[193] oder misslingt, dann liegt, wenn der Verkäufer zwischen Übergabe und Montageversuch bzw. Absehen vom Montageversuch stirbt, ein Fall vor, in dem zum Zeitpunkt des Erbfalls noch kein Anspruch bestand. Der Gewährleistungsanspruch muss dann gegen den Erben entstehen. Jedoch geht die h. M. davon aus, der Anspruch entstehe bereits mit der Übergabe und entfalle lediglich nachträglich, falls die Sache fehlerfrei montiert wurde[194].

Hinsichtlich der vertraglichen Gewährleistungsansprüche, die nach dem Tod des Vertragspartners entstehen, wird der Käufer sich auch dem Erben gegenüber auf das Vertragsverhältnis berufen können. Wenn der Vertrag

193 *Weidenkaff,* in: Palandt, § 434 Rn. 50.

194 *Faust,* in: Bamberger / Roth, § 434 Rn. 94; *Matusche-Beckmann,* in: Staudinger, § 434 Rn. 99.

vor dem Erbfall noch nicht erfüllt wurde, muss der Erbe als neuer Vertragspartner leisten. Wenn der Vertrag vor dem Erbfall schlecht erfüllt wurde, muss der Erbe nachbessern oder nachliefern. Dies muss auch unabhängig von der Entdeckung und sogar der Entstehung des Mangels gelten. Der Verpflichtungsgrund liegt in der Vertragsbeziehung, die mangelfreie Leistung verlangt. Bei einem nach dem Erbfall auftretenden Mangel haftet also der Erbe als neuer Vertragspartner kraft Rechtsnachfolge ebenso wie der Erblasser gehaftet hätte.

Es ist für die Rechtssicherheit und damit den Rechtsverkehr von großer Bedeutung, dass der Erbe in die Rechtsposition des Erblassers eintritt[195]. Die vertraglichen Rechte einer Partei dürfen nicht vom Weiterleben der anderen Partei abhängen. Dies könnte Geschäftspartner davon abhalten, vertragliche Beziehungen zu Älteren oder Kranken aufzunehmen[196]. Durch den Tod des Vertragspartners erlöschen weder bestehende vertragliche Ansprüche, noch darf das Entstehen von Folgeansprüchen dadurch verhindert werden.

Der Erbe genießt die Vorteile aus einem vom Erblasser begründeten Vertragsverhältnis und muss ebenso für die Nachteile einstehen. Er wird durch die Vorschriften über die Haftungsbegrenzungen und die Möglichkeit der Ausschlagung der Erbschaft geschützt. Der Erbe braucht nur mit dem Nachlassvermögen zu haften. Genau dieses Nachlassvermögen hätte auch bei Weiterleben des Erblassers dem Vertragspartner zur Befriedigung seiner bestehenden und künftig aus dem Vertragsverhältnis entstehenden Ansprüche zur Verfügung gestanden.

2. Übertragbarkeit der Argumentation auf deliktische Ansprüche

Fraglich ist, inwieweit sich die Argumentation zur Haftung des Erben in Vertragsverhältnissen auf deliktische Ansprüche übertragen lässt. Wie oben erläutert[197], widersprechen die Zwecke des Deliktsrechts nicht dem Entstehen einer deliktischen Ersatzpflicht gegen den Rechtsnachfolger. Vertragliche und deliktische Ansprüche sind damit in Bezug auf die spätere Entstehung beim Erben grundsätzlich vergleichbar. Verpflichtungsgrund beim Vertrag ist die

195 *Dietzel*, Untergang statt Fortbestand, S. 25; *Marotzke*, in: Staudinger, § 1922 Rn. 115.

196 *Muscheler*, Erbrecht, Band I, S. 4 f., Rn. 7.

197 Dazu ausführlich unter § 1 III.

vertragliche Festlegung. Bei der unerlaubten Handlung kann das Setzen der Ursache für den Erfolg der Verpflichtungsgrund sein[198]. Der Verpflichtungseffekt kann jeweils erst durch ein späteres Ereignis eintreten, im Vertragsrecht etwa durch mangelhafte Leistung oder durch einen Schadenseintritt wegen Schlechtleistung, im Deliktsrecht durch die Entstehung des Schadens.

Allerdings unterscheidet sich das Deliktsrecht wertungsmäßig und systematisch vom Vertragsrecht. Im Vertragsrecht sucht man sich seine Schuldner aus. Es gilt Vertragsfreiheit. Dabei wird der Gläubiger Wert auf einen liquiden Vertragspartner legen. Er sucht sich also unter anderem auch die Vermögensmasse aus, mit der seine Ansprüche befriedigt werden sollen. Im Deliktsrecht gilt grundsätzlich das Gegenteil. Der Gläubiger kann sich nicht aussuchen, von wem er geschädigt wird[199]. Er kann lediglich in begrenztem Maße entscheiden, in wessen Einflusssphäre er sich begibt. Namentlich bei Vorsatztaten wählt aber der Schädiger den Geschädigten aus. Dies spricht selbstverständlich nicht gegen das Entstehen eines deliktischen Anspruchs beim Erben, sondern zeigt lediglich auf, dass einige Argumente aus dem Vertragsrecht nicht auf das Deliktsrecht übertragbar sind. Dass die vom Vertragspartner ausgewählte Haftungsmasse auch nach dem Tod zur Verfügung stehen muss und dass jemand von Vertragsschlüssen absieht, aus Sorge, ein Vertragspartner könne bald versterben, gilt im Deliktsrecht nicht oder nur abgeschwächt. Hat der Erblasser eine deliktische Handlung begangen, so kann man wie bei vertraglichen Ansprüchen anführen, dass der Erbe durch die Haftungsbegrenzung geschützt sei. Dem Gläubiger hätte bei Weiterleben des Erblassers, seines Schädigers, dessen Vermögen zur Befriedigung zur Verfügung gestanden.

3. Ergebnis

Die vertraglichen Gewährleistungs- und Schadensersatzansprüche können unzweifelhaft auch direkt gegen den Erben entstehen. Die Haftung des Erben resultiert hier aber bereits daraus, dass er im Wege der Gesamtrechts-

198 LG Freiburg, JW 1938, S. 1819, 1821.

199 Daher gilt etwa der Vertrauensschutz des Handelsregisters nach § 15 HGB bei deliktischen Ansprüchen nur, soweit sie in Zusammenhang mit dem Geschäftsverkehr stehen. Im reinen „Unrechtsverkehr" gilt § 15 HGB nicht. RG 93, 238, 240; *Roth,* in: Koller / Kindler / Roth / Morck, § 15 Rn. 4.

nachfolge in das Vertragsverhältnis mit all seinen Rechten und Pflichten eintritt. Man kann gedanklich immer annehmen, der ursprüngliche vertragliche Leistungsanspruch lebe wieder auf oder wandle sich in einen Sekundäranspruch um. Ist der Leistungsanspruch vor dem Erbfall durch Erfüllung erloschen, entsteht sodann aber aufgrund einer fehlerhaften Montageanleitung ein Schaden, so kann man darin einen rückwirkenden Fortfall der Erfüllung sehen. Der einst bestehende Leistungsanspruch wird damit wegen Schlechtleistung zu einem Mangelanspruch.

Hingegen besteht bei einer deliktischen Handlung regelmäßig im Zeitpunkt des Erbfalls keinerlei Rechtsverhältnis zwischen dem Erblasser und dem später Geschädigten[200]. Es hat bis zum Schadensereignis keinerlei Ansprüche gegeben, die durch den Schadenseintritt wieder aufleben könnten. Daher kann man bei einem unvollendeten Deliktstatbestand nur die Verantwortung für die deliktische Handlung an sich bzw. einen aus der deliktischen Handlung resultierenden, rechtlich noch nicht greifbaren Schwebezustand auf den Erben übergehen lassen oder damit argumentieren, der Erbe trete in sämtliche, auch zukünftige Rechtspositionen ein.

II. Herleitung deliktischer Ansprüche aus vererblichen Unterlassungsansprüchen

Soweit ersichtlich hat man bisher noch nicht überlegt, einen Schadensersatzanspruch gegen den Erben aus einem vererbten Anspruch auf Unterlassen zu entwickeln. Dafür müsste bereits zu Lebzeiten des Erblassers ein Anspruch auf Unterlassen der zukünftigen Rechtsverletzung bestanden haben. Dieser Unterlassungsanspruch müsste dann im Wege der Gesamtrechtsnachfolge übergehen. Des Weiteren wäre erforderlich, dass sich der Unterlassungsanspruch mit Schadenseintritt in einen Schadensersatzanspruch umwandelt.

Unterlassungspflichten sind grundsätzlich vererblich. Ihre Vererbung ist aber ausgeschlossen, wenn dies zu einem Eingriff in Rechte des Erben führen würde, die ihm vor dem Erbfall zugestanden haben[201]. Unterlas-

200 Nur in Ausnahmefällen ist ein vertragliches Rechtsverhältnis oder bereits eine Handlungs- oder Unterlassungspflicht des Erblassers denkbar.

201 Dies gilt insbesondere für die Vererblichkeit von Konkurrenzverboten, vgl. *Gaa*, AcP 161 (1962), S. 433 ff.; *Kuhnke*, JW 1933, S. 2874; *Stein*, in: Soergel, § 1922 Rn. 36.

sungsansprüche stehen dem Eigentümer oder Inhaber eines Rechts gegen künftige Beeinträchtigungen zu (sog. negatorischer und quasinegatorischer Schutz). § 1004 Abs. 1 S. 2 BGB fordert für den Unterlassungsanspruch eine Wiederholungsgefahr. Die Rechtsprechung gewährt den Schutz jedoch schon dann, wenn die Gefahr einer ersten Rechtsverletzung konkret bevorsteht[202]. Zudem werden Unterlassungsansprüche auch gegen die Bedrohung der in § 823 Abs. 1 BGB genannten Rechte und Rechtsgüter oder derjenigen Interessen gewährt, denen § 824 BGB und die Schutzgesetze des § 823 Abs. 2 BGB dienen (deliktische Unterlassungsansprüche)[203].

Der Unterlassungsanspruch hat keine subjektiven Voraussetzungen, verlangt also auch kein Verschulden. Er besteht, wenn eine Beeinträchtigung des Rechtsgutes konkret bevorsteht. Fraglich ist aber, ob jedem Schadensersatzanspruch ein Unterlassungsanspruch vorausgeht.

Beispiel: Der Erblasser E verschuldet einen Unfall, indem er das Lenkrad so verreißt, dass sein Wagen auf eine andere Fahrbahn gerät. Dort prallt der Wagen des E auf den Wagen des A auf. Dabei stirbt E, A wird verletzt. Der korrekt fahrende B kann den wegen einer Kurve verdeckten Unfallfahrzeugen nicht mehr ausweichen und wird ebenfalls verletzt.

Notwendigerweise muss die Beeinträchtigung vor ihrem Eintreten zumindest für eine logische Sekunde bevorstehen. Auch wenn der Anspruch in den meisten Fällen gerichtlich nicht durchsetzbar sein wird, besteht er gleichwohl. Problematisch erscheint dieses Ergebnis aber in Fällen, in denen ein Unterlassen oder Abwenden der Gefahr tatsächlich bereits unmöglich ist, sobald die Gefahr konkret ist. Im Beispiel: Erst als der Erblasser das Lenkrad verreißt, entsteht für die Gesundheit des A eine konkrete Gefahr. In diesem Moment ist es aber bereits zu spät für eine Korrektur der Fahrweise, der Unfall und die Verletzung des A werden unabwendbar Sekunden später eintreten. Ein Anspruch auf Unterlassen wäre in diesem Fall auf eine unmögliche Leistung gerichtet.

---

202 BGH, Urteil vom 18.9.2009, NJW 2009, S. 3787; OLG Düsseldorf, Urteil vom 5.12.1990, NJW-RR 1991, S. 656; *Baldus*, in: MüKo, § 1004 Rn. 289; *Bassenge*, in: Palandt, § 1004 Rn. 27.

203 *Medicus / Petersen,* Bürgerliches Recht, Rn. 628.

Zudem kann auch die konkrete Gefahr, die Voraussetzung für den Unterlassungsanspruch ist, erst nach dem Tod des Erblassers eintreten. Für B stehen im obigen Beispiel die Rechtsgutsverletzungen erst dann unmittelbar bevor, wenn er sich der Unfallstelle nähert. Es kann also für ihn kein Unterlassungsanspruch gegen den Erblasser entstehen. Ein Unterlassungsanspruch gegen den Erben ist ebenfalls undenkbar, zumal dieser keine Handlung vornimmt, deren Unterlassen die Rechtsgutverletzung verhindern könnte. Es ist den Schadensersatzansprüchen also nicht immer ein Unterlassungsanspruch vorgelagert.

Wenn ein Unterlassungsanspruch denkbar wäre, der im Wege der Gesamtrechtsnachfolge übergeht, dann müssten, damit sich dieser in einen Schadensersatzanspruch umwandeln kann, die weiteren Voraussetzungen dieses Schadensersatzanspruchs erfüllt sein. Es müsste also Verschulden vorliegen. Dies ist auch deshalb erforderlich, weil die Rechtsfolgen des Schadensersatzes weiter sind als die des Unterlassungsanspruchs. Der Unterlassungsanspruch selbst ist systemgemäß allenfalls mit den Beseitigungsansprüchen vergleichbar, die ebenfalls kein Verschulden verlangen. Grundsätzlich richtet sich der Beseitigungsanspruch auf die Beseitigung künftiger Beeinträchtigungen, also die Beseitigung der Ursache von Störungen. Der Schadensersatzanspruch hingegen umfasst auch die in der Vergangenheit abgeschlossene Beeinträchtigung, es ist ein Ersatzanspruch für die gesamten Störungsfolgen[204]. In Bezug auf Sachverletzungen, die sich aus der ursprünglichen Störung ergeben haben, ist umstritten, inwieweit diese im Rahmen der Beseitigungspflicht ebenfalls beseitigt werden müssen[205]. Etwa wurde die Frage, ob der Anspruch auf Schließung eines gebrochenen Dammes oder einer gebrochenen Rohrleitung auch die Beseitigung des eingedrungenen Wassers, also Trockenlegung[206], oder sogar die Erneuerung des abgeschwächten Erdreichs[207] umfasst, bisher von der Rechtsprechung unterschiedlich beantwortet[208]. Nach einer weiten Interpretation kann der

204 *Baldus*, in: MüKo, § 1004 Rn. 218.
205 *Baldus*, in: MüKo, § 1004 Rn. 218; *Waas*, VersR 2002, S. 1205.
206 So LG Göttingen, Urteil vom 22.6.1950, NdsRpfl. 1951, S 101.
207 So OLG Stuttgart, Urteil vom 19.11.1919, OLGE 41, S. 162.
208 Lediglich Anspruch auf Beseitigung der Ursache von Überschwemmung, aber nicht auf Beseitigung bereits eingetretener Schäden gewährt BGH, Urteil vom 18.2.1959, NJW 1959, S. 936, 937 f.

Beseitigungsanspruch bei Sachschäden mit dem Anspruch auf Naturalrestitution deckungsgleich sein[209]. Vermögensminderungen, wie etwa ein durch die Störung verursachter Verdienstausfall, können jedoch nicht im Rahmen des Beseitigungsanspruchs ersetzt verlangt werden[210]. Der verschuldensabhängige Schadensersatzanspruch ist somit weiter als der Beseitigungsanspruch.

Im Ergebnis lässt sich also der Schadensersatzanspruch gegen den Erben nicht durch Umwandlung eines Unterlassungsanspruchs begründen. Zum einen muss nicht notwendigerweise bereits zu Lebzeiten des Erblassers ein Unterlassungsanspruch entstanden sein, etwa wenn im Zeitpunkt des Todes des Erblassers noch gar keine konkrete Gefahr bestand. Es ist möglich, dass im Todeszeitpunkt noch völlig offen ist, ob jemand verletzt wird und wenn ja, wer. Zum anderen lässt sich auch ein entstandener Anspruch auf Unterlassen nicht ohne weiteres in einen Anspruch auf Schadensersatz umwandeln. Die beiden Anspruchsarten sind systematisch verschieden. Der Schadensersatzanspruch ist von seinen Voraussetzungen und Rechtsfolgen weiter. Er verlangt Verschulden und richtet sich auf Naturalrestitution, also Herstellung des ohne das schädigende Ereignis bestehenden Zustandes. Der Unterlassungsanspruch richtet sich dagegen zunächst nur auf Unterlassen einer noch bevorstehenden Verletzung. Erst der Beseitigungsanspruch etwa aus § 1004 BGB verlangt eine Handlung, die Entfernung einer Störquelle, die durch ihr Verbleiben weitere Rechtsverletzung zur Folge hätte[211]. Aber auch wenn die Unterlassungsansprüche faktisch einen Anspruch auf ein Handeln gewähren können, geht dieser Anspruch nicht so weit wie der Schadensersatzanspruch, der auf Wiederherstellung gerichtet ist.

Folglich ähneln sich Unterlassungsansprüche und Schadensersatzansprüche insofern, als sie sich gegen einen Eingriff in fremde Rechtsgüter richten. Es sind jedoch systematisch verschiedene Ansprüche. Sie haben jeweils eigene Voraussetzungen und sind nicht derart ähnlich ausgestaltet, dass der eine auf dem anderen aufbauen kann. Es ist auch nicht notwendig, den gegen den Erben entstehenden Schadensersatzanspruch mit Hilfe eines im Rahmen der Gesamtrechtsnachfolge übergegangenen Anspruchs zu begründen. Wie

209 BGH, Urteil vom 8.12.1999, VersR 2000, S. 311.
210 *Baldus*, in: MüKo, § 1004 Rn. 218.
211 *Medicus / Petersen*, Bürgerliches Recht, Rn. 629.

bereits bei vertraglichen Beziehungen gesehen[212], können Ansprüche auch unmittelbar gegen den Erben entstehen. Außerhalb vertraglicher Beziehungen genügt es für die Begründung eines Schadensersatzanspruches gegen den Erben vollauf, wenn durch die deliktische Handlung eine Schwebelage entstünde, für die er verantwortlich gemacht werden kann.

III. Zusammenfassung

Die hier erörterten Ansätze einer dogmatischen Konstruktion der Vererblichkeit der deliktischen Handlung führen zu keinem zwingenden Ergebnis. Aus den Vergleichen mit der Haftung für vertragliche Pflichten oder Unterlassungsansprüchen ist keine klare Dogmatik für den Umgang mit nach dem Todesfall eintretenden Schäden zu gewinnen. Die Analyse hat aber gezeigt, dass ein Entstehen eines Anspruchs originär bei Erben dem BGB nicht fremd ist. Etwa wenn eine gelieferte Sache nach dem Tod des Verkäufers aufgrund einer fehlerhaften Montageanleitung falsch montiert wird, kann man annehmen, dass der Nacherfüllungsanspruch erst gegen seinen Erben entsteht[213].

212 Siehe oben § 2 I.
213 Siehe oben § 2 I 1.

§ 3. Normative Analyse: Kontinuität im Erbrecht

Die Frage, ob der Erbe für den nach dem Erbfall entstehenden Schaden haften muss, ist ergebnisorientiert zu beantworten. Entscheidend ist, wer einen nach dem Erbfall entstehenden Schaden wirtschaftlich tragen soll, der Erbe oder der Geschädigte. Die Frage der dogmatischen Konstruktion ist dagegen sekundär. Wenn die Haftung des Erben für die deliktische Handlung des Erblassers geboten erscheint, so ist sie, wie gesehen[214], mit dem System der im BGB geltenden Gesamtrechtsnachfolge vereinbar.

Ein wesentliches Ziel des Erbrechts ist es, die Rechtsfolgen des Erbfalls möglichst unabhängig von Zufälligkeiten zu gestalten[215]. Es entspricht einer natürlichen Gerechtigkeitsvorstellung, die Verteilung von Rechten und Pflichten nach einem vorhersehbaren System zu regeln. Generell sollte die rechtliche Zuordnung von Vermögen, Ansprüchen und Verbindlichkeiten zu einer Person nicht vom Zufall abhängig sein. Im Erbrecht ist es besonders wichtig, diese Prämisse zu beachten, da der Tod üblicherweise zufällig und unvorhersehbar eintritt. Daher hat der Gesetzgeber verschiedene Regelungen getroffen, die potentielle Rechtsänderungen aufgrund eines plötzlichen Todes minimieren. Die Vermeidung von zufälligen Rechtsänderungen ist nicht nur im Sinne der Gerechtigkeit. Sie dient auch der Sicherheit und Vorhersehbarkeit im Rechtsverkehr und hat damit sogar wirtschaftliche Auswirkungen. Wenn der Tod eines Vertragspartners die Rechtslage gravierend veränderte, dann wären die Parteien zurückhaltender beim Vertragsschluss mit natürlichen Personen, insbesondere mit älteren oder kranken Menschen. Das deutsche Erbrecht minimiert die Risiken, die ein Versterben eines Rechtssubjekts auslösen kann[216]. Im Folgenden werden einige Regelungen des BGB erläutert, in denen die Kontinuitätsmaxime ausgeprägt ist.

214 Siehe oben § 1.
215 *Wacke,* DNotZ 2001, S. 302, 316.
216 *Muscheler,* Erbrecht, Band I, S. 4 f., Rn. 7.

I. Gesamtrechtsnachfolge und Haftung für Schulden

Bereits die Tatsache, dass das BGB die Gesamtrechtsnachfolge vorsieht, ist eine Ausprägung des Kontinuitätsgrundsatzes[217]. Schon die Vererblichkeit von Rechten ist keine Selbstverständlichkeit[218]. Es ist auch eine Rechtsordnung denkbar, in der das Eigentum des Verstorbenen nach seinem Tode herrenlos wird, so dass es von anderen okkupiert werden kann[219]. Ebenso wäre es möglich, den Nachlass allein dem Staat zufallen zu lassen[220]. Eine Rechtsordnung muss entscheiden, ob nach dem Tode die Vermögens- und Rechtsverhältnisse des Verstorbenen lediglich liquidiert werden oder ob sie auf ein neues Rechtssubjekt, einen Erben, übergehen sollen. Die Verfasser des BGB haben sich mit den §§ 1922, 1967 BGB für eine umfassende Gesamtrechtsnachfolge entschieden. Ein Erbe oder eine Erbengemeinschaft erwerben das Vermögen des Erblassers und müssen für die Verbindlichkeiten haften. Sie treten in sämtliche vererbbaren Rechte und Pflichten des Erblassers ein.

Ohne die Erbfolge mit der Haftung des Erben für die Nachlassverbindlichkeiten würde kaum jemand das Risiko eingehen, eine ältere Person als Schuldner zu akzeptieren[221]. Im Rechtsverkehr mit natürlichen Personen bestünde immer ein erhöhtes Risiko, dass eine Leistung wegen des Todes eines Vertragspartners nicht erbracht wird. Dieses Risiko zu minimieren und die Weiterführung der Schuldverhältnisse über den Tod hinaus zu sichern liegt auch im öffentlichen Interesse[222].

Die Schulden des Erblassers und sein Vermögen bleiben also in einer Hand, bei dem Erben oder den Erben in Gesamthandsgemeinschaft. Durch die Vererbung von Aktiva und Passiva wird zufälligen Folgen des Todes eines Rechtssubjektes vorgebeugt. Die Vermögens- und Rechtsverhältnisse einer Person werden nach ihrem Tod nicht lediglich liquidiert. Dadurch, dass die Rechtsordnung im Grundsatz die Gesamtrechtsnachfolge und damit ein

217 *Eberl-Borges,* VersR 1996, S. 1070, 1073; *Giger,* Das Schicksal des Rechts, S. 117 f.
218 *Muscheler,* Erbrecht, Band I, S. 1 ff.
219 *Muscheler,* Erbrecht, Band I, S. 2, Rn. 5.
220 *Muscheler,* Erbrecht, Band I, S. 2 f., Rn. 6.
221 *Muscheler,* Erbrecht, Band I, S. 4 f., Rn. 7.
222 *Crome,* System des Deutschen Bürgerlichen Rechts, § 639 I 1, S. 2.

Weiterbestehen der Rechtsbeziehungen des Erblassers vorsieht, minimiert sie die rechtlichen und wirtschaftlichen Auswirkungen eines Todesfalles. Mit dem Tode entfällt nicht etwa ein Rechtssubjekt, sondern es wird durch ein anderes, den Erben, ersetzt. Dies bietet für alle Vertragspartner und sonstige Gläubiger eine grundlegende Sicherheit und Berechenbarkeit.

Der Erbe kann allerdings seine Haftung auf den Nachlass beschränken. Dann können die Gläubiger nur noch auf diesen zugreifen. Sie sind also durch den Tod ihres Schuldners prinzipiell schlechter gestellt als zu seinen Lebzeiten, als sie noch einen persönlichen Schuldner hatten. Dies ist aber eine Konsequenz des Todes des Schuldners. Ebenso wie das Einkommen des Erblassers mit seinem Tod erlischt, verliert der Gläubiger seinen persönlichen Schuldner. Es wäre eine nicht zu rechtfertigende Schlechterstellung des Erben, wenn er für die Schulden des Erblassers unbeschränkbar haften müsste. Zudem bekämen die Gläubiger womöglich anstelle eines zahlungsunfähigen Schuldners einen solventen Erben und wären damit durch den Tod ihres Schuldners bessergestellt. Dagegen ist nach dem BGB im Falle des Todes sichergestellt, dass das Vermögen des Erblassers weiter haftet. Überdies wird kein Erbe gezwungen, zusätzlich mit seinem Eigenvermögen zu haften. Damit hat das BGB eine ausgewogene Regelung getroffen, durch die die Wirkungen des Zufalls so weit wie möglich minimiert werden.

II. Die Erbfolge nach Stämmen

Das System der Erbfolge nach Stämmen verhindert, dass sich die Erbquoten durch die zufällige Reihenfolge der Todesfälle verändern[223]. Welche Anteile der Erbschaft die Erben bei einem Erbfall erhalten, soll nicht davon abhängen, in welcher Reihenfolge der Erblasser und die potentiellen Erben einer höheren Ordnung gestorben sind. Erben kann nur, wer gem. § 1923 Abs. 1 BGB im Zeitpunkt des Erbfalls lebt oder wer gem. § 1923 Abs. 2 BGB bereits gezeugt war[224]. Wer erbt, hängt also generell von dem zufälligen Überleben oder Vorversterben der potentiellen Erben ab. Mit der Erbfolge nach Stämmen haben die Verfasser des BGB aber ein System geschaffen, das die Auswirkungen dieser Zufälle bestmöglich minimiert. Nach der gesetz-

223 *Wacke,* NJW 1981, S. 1577, 1581.
224 Siehe zum *nasciturus* auch unten § 3 V.

lichen Erbfolge erben gem. § 1924 Abs. 1 BGB zunächst die Abkömmlinge des Erblassers. Gemäß § 1924 Abs. 3 BGB treten die Abkömmlinge eines vor dem Erbfall verstorbenen Abkömmlings des Erben an dessen Stelle. Mit dieser Regelung wird im Ergebnis die gleiche Verteilung erreicht, die es auch gegeben hätte, wenn der Abkömmling des Erblassers erst kurz nach dem Tod des Erblassers verstorben wäre. Die zufällige Reihenfolge der Todeszeitpunkte führt also bei der Verteilung des Nachlasses nicht zu unterschiedlichen Ergebnissen.

Jedem Stamm wird ein fester Anteil an dem Nachlass zugeteilt, der innerhalb dieses Stamms je nach Überleben der Mitglieder verteilt wird. Der Anteil bleibt aber von Veränderungen innerhalb anderer Stämme unberührt[225]. Dank der Erbfolge nach Stämmen sind also die potentiellen Erbquoten bereits zu Lebzeiten des Erblassers berechenbar. Das zufällige Vorversterben eines Abkömmlings des Erblassers beeinflusst die Erbschaftsquoten nicht[226]. Die Erbschaftsquote eines Stammes ändert sich lediglich durch Entstehen oder Wegfall anderer Stämme. Aber selbst eine solche Änderung der Erbschaftsquote ist grundsätzlich unabhängig von der Reihenfolge, in der der Erblasser oder die Mitglieder des Stammes versterben.

Die Abkömmlinge eines vorverstorbenen Stammelternteils erben nicht etwa als Nachfolger des Vorverstorbenen, sondern aus eigenem Recht[227]. Es ist daher nicht relevant, ob der Stammelternteil, wenn er noch lebte, auch Erbe des Erblassers wäre oder ob der Abkömmling Erbe des Stammelternteils wäre[228]. Es ist im Gegenteil sogar so, dass der Abkömmling des Stammelternteils gerade dadurch zum Erben werden kann, dass das Stammelternteil vom Erblasser enterbt wurde[229]. Die Enterbung steht dem Vorversterben des Stammelternteils gleich. Gerade weil der Stammelternteil nicht mehr Erbe des Erblassers wird, rückt sein Abkömmling in der Erbfolge nach und erbt aus eigenem Recht.

---

225 *Muscheler,* Erbrecht, Band I, S. 686, Rn. 1307.

226 *Lange / Kuchinke,* Lehrbuch des Erbrechts, § 10 III 4 c, S. 238; *Muscheler,* Erbrecht, Band I, S. 687, Rn. 1311.

227 *Muscheler,* Erbrecht, Band I, S. 688, Rn. 1312.

228 *Muscheler,* Erbrecht, Band I, S. 688, Rn. 1312.

229 *Lange,* Erbrecht, Kapitel 5 § 21 III 4, S. 182 Rn. 38; *Muscheler,* Erbrecht, Band I, S. 688 f., Rn. 1314.

Statt der strikten Einhaltung des Erbrechts nach Stämmen hätte der Gesetzgeber für Erben des gleichen Grades das Kopfteilungsprinzip anordnen können[230].

Beispiel 1[231]: Ein Erblasser hatte zwei Söhne, die bereits vorverstorben sind.
Der eine Sohn hinterließ ein Kind, der andere zehn.

Die elf Enkel des Erblassers sind alle im gleichen Grad mit dem Erblasser verwandt. Man könnte ihnen also nach dem Kopfteilungsprinzip je ein Elftel der Erbschaft zusprechen. Diese Lösung räumt aber dem zufälligen Vorversterben der Abkömmlinge eines näheren Verwandtschaftsgrades großen Einfluss ein[232].Wenn ein Sohn den Erblasser nur kurze Zeit überlebte, dann würde das Erbe nach Stämmen verteilt[233]. Das Kind des einen Sohnes bekäme dann die eine Hälfte der Erbschaft, die Kinder des anderen Sohnes müssten sich die andere Hälfte der Erbschaft teilen, es entfiele auf diese zehn Enkel also je 1/20 des gesamten Nachlasses. Es ist im Sinne der Gerechtigkeit, den zufälligen Todeszeitpunkt der Beteiligten nicht zu derartig unterschiedlichen Erbverteilungen führen zu lassen. Es kann dahinstehen, ob ein Erblasser seine Enkel als Kinder seiner Kinder ansieht[234] oder als ihm jeweils gleich nahestehende Enkel. Die strenge Verteilung nach Stämmen dient der Vorhersehbarkeit der Erbanteile und sorgt damit für die größtmögliche Rechtssicherheit. Der Erblasser, der seinen Enkeln gleichwertige Erbanteile zuwenden möchte, kann dies testamentarisch regeln. Die Ziele der gesetzlichen Erbfolge liegen schwerpunktmäßig in der Vermeidung von Zufälligkeiten und der Vorhersehbarkeit der Rechtsfolgen, also der Berechenbarkeit der Erbanteile. Die Verfasser des BGB haben sich also gegen das Kopfteilungsprinzip und für eine strenge Erbfolge nach Stämmen entschieden. Damit erhalten die Erben gleichen Grades eventuell sehr unterschiedliche Erbquoten. Sie erhalten aber dieselbe Erbquote, unabhängig

---

230 *Lange / Kuchinke,* Lehrbuch des Erbrechts, § 10 III 4 b, S. 238; *Muscheler,* Erbrecht, Band I, S. 689, Rn. 1315 f.

231 Beispiel nach *Muscheler,* Erbrecht, Band I, S. 689, Rn. 1315.

232 *Lange / Kuchinke,* Lehrbuch des Erbrechts, § 10 III 4 b, S. 238; *Muscheler,* Erbrecht, Band I, S. 689, Rn. 1315.

233 *Lange / Kuchinke,* Lehrbuch des Erbrechts, § 10 III 4 b, S. 238, Fn. 53.

234 So *Lange / Kuchinke,* Lehrbuch des Erbrechts, § 10 III 4 b, S. 238; *Muscheler,* Erbrecht Band I, § 21 II 3 a bb Fn. 131, S. 689.

davon, ob im Zeitpunkt des Erbfalls noch ein Erbe höherer Ordnung lebt oder nicht.

Großen Einfluss hat der Zufall hingegen, wenn sich Personen nacheinander beerben, die nicht Abkömmlinge desselben Erblassers sind.

Beispiel 2[235]: Bei einem Verkehrsunfall stirbt zuerst die Mutter, als zweites der Sohn und als drittes der Vater. Die Mutter ist kurz vor dem Unfall Erbin ihrer eigenen Mutter geworden.

Das Vermögen der Mutter, inklusive der Erbschaft von ihrer Mutter, erben zunächst der Sohn, dann der Vater und schließlich die Familie des Vaters. Wegen der zufälligen Reihenfolge der Todesfälle geht die Familie der Mutter leer aus. Dieser zufälligen, ungerecht wirkenden Vermögensverschiebung wäre vorgebeugt, wenn das Gesetz bei einem „Umkommen in gemeinsamer Gefahr" ein gleichzeitiges Versterben fingierte[236]. Dies käme den Erben der drei Verstorbenen auch insoweit zugute, als dann nur einmal die Erbschaftssteuer anfiele[237]. Das grundsätzliche Problem, dass die zufällige Reihenfolge der Erbfälle die Vermögensgüter zufällig verteilt, bliebe aber bestehen, wenn die Parteien innerhalb kurzer Zeit durch verschiedene Gefahren in derselben Reihenfolge zu Tode kommen. Da dieses Problem auch durch gesetzgeberische Eingriffe allenfalls reduziert, aber nicht gelöst werden kann, ist es gerechter und im Sinne der Rechtsklarheit und Rechtseinheit geboten, von einer Regelung insgesamt abzusehen. Die gesetzlichen Regelungen sind bemüht, den Einfluss des Zufalls weitgehend auszuschließen. Sie können ihn aber naturgemäß nicht ganz eliminieren.

III. Der Erbenbesitz gemäß § 857 BGB

Auch der in § 857 BGB statuierte Erbenbesitz dient der Kontinuität in Erbfällen[238]. Der Besitz des Erblassers endet mit seinem Tod. Bis der Erbe neuen Besitz an den Sachen begründet, kann einige Zeit vergehen. Ohne die Regelung des § 857 BGB bestünde eine Übergangsphase, in der sämtliche an

235 Beispiel nach *Muscheler,* Erbrecht Band I, § 2 VII 2, S. 74 f., Fn. 22.
236 *Muscheler,* Erbrecht Band I, § 2 VII 2, S. 74 f., Fn. 22.
237 *Muscheler,* Erbrecht Band I, § 2 VII 2, S. 75, Rn. 26.
238 *Eberl-Borges,* VersR 1996, S. 1070, 1073.

den Besitz anknüpfende Regelungen nicht wirkten[239]. Die Regelung des Erbenbesitzes in § 857 BGB verhindert, dass eine unbefugte Besitzergreifung in dieser Zeitspanne zu anderen rechtlichen Konsequenzen führt als kurz vor dem Erbfall oder nach tatsächlicher Besitzbegründung durch den Erben[240].

Die Rechtsnatur des Erbenbesitzes ist umstritten. Es könnte sich etwa um eine Besitzfiktion[241] oder um eine Rechtsfolgenzuordnung[242] handeln. Unstreitig bewirkt die Regelung aber, dass auf Nachlasssachen in der Zeit zwischen dem Erbfall und der Erlangung der tatsächlichen Sachherrschaft durch den Erben die gleichen Vorschriften anwendbar sind wie auf Sachen im Besitz des Erben[243]. Deshalb ist hinsichtlich der Nachlasssachen verbotene Eigenmacht möglich und der Erbe kann sich mit den possessorischen Besitzschutzansprüchen der §§ 861–864 BGB dagegen wehren[244]. Eine Inbesitznahme ohne den Willen des Erben ist ein Abhandenkommen im Sinne des § 935 BGB[245].

Aber auch die Pflichten des Besitzers bestehen wegen § 857 BGB ohne Unterbrechung durch den Erbfall weiter. Der Erbe haftet nach § 836 BGB als Grundstücksbesitzer, ohne selbst einen Besitzwillen zu fassen[246]. Damit sorgt § 857 BGB im Rahmen des § 836 BGB für genau die Art Kontinuität, die auch für durch unerlaubte Handlungen entstehende Schäden erforderlich ist.

IV. Der postmortale Vertragsschluss nach den §§ 130 Abs. 2, 153 BGB

Ein bereits angebahnter Vertrag kann auch noch postum zustande kommen. Die Verfasser des BGB wollten verhindern, dass ein Vertragsschluss am plötzlichen Tod einer der Parteien scheitert. Gemäß § 130 Abs. 2 BGB wird

239 *Joost,* in: MüKo, § 857, Rn. 1; *Prütting,* in: Prütting, § 857 Rn. 2.
240 *Joost,* in: MüKo, § 857 Rn. 1.
241 *Wieling,* Sachenrecht, § 4 V 1 a, § 10 V 1.
242 *Joost,* in: MüKo, § 857 Rn. 1.
243 *Joost,* in: MüKo, § 857 Rn. 1; *Prütting,* in: Prütting, § 857 Rn. 1; *Wieling,* Sachenrecht, § 4 V 1 a.
244 Motive V, S. 7722 (*Mugdan* V, S. 422); *Prütting,* in: Prütting, § 857 Rn. 3.
245 *Prütting,* in: Prütting, § 857 Rn. 3, § 935 Rn. 3; *Wieling,* Sachenrecht, § 4 V 1 a, § 10 V 1.
246 *Baur / Stürner,* Sachenrecht, § 8 Rn. 3; BGH, JZ 1953, S. 706.

eine Willenserklärung auch dann noch wirksam, wenn der Erklärende vor dem Zugang stirbt. Nach § 153 BGB wird das Zustandekommen eines Vertrages nicht durch den Tod des Antragenden vor Annahme des Vertrages gehindert. Die Erben werden durch die Erklärung des Erblassers gebunden, es sei denn, sie haben nach § 130 Abs. 1 S. 2 BGB rechtzeitig widerrufen.

Diese Regelungen dienen vornehmlich der Rechtssicherheit und schützen dadurch wirtschaftliche Interessen. Sie vermieden aber auch, dass durch den Zeitpunkt des Todes eines potentiellen Vertragspartners die Rechtslage beeinflusst wird. Nach den §§ 130 Abs. 2, 153 BGB ist es im Ergebnis irrelevant, ob der Antragende bzw. Annehmende noch vor Zugang seiner Erklärung bzw. vor Annahme des Angebots verstirbt oder erst kurz danach. Der Todeszeitpunkt hat also keine Auswirkungen auf die wirtschaftlichen und vertraglichen Verhältnisse der Parteien. § 130 Abs. 2 BGB schützt vor allem den Erklärungsempfänger vor eventuellen wirtschaftlichen Schäden. Wäre ein Vertragsschluss nach dem Tode des Erklärenden nicht nach § 130 Abs. 2 BGB möglich, könnte der Erklärungsempfänger, der noch nichts von dem Tod weiß und damit im Glauben an einen wirksamen Vertrag handelt, einen Vertrauensschaden erleiden[247]. Durch die Möglichkeit des postumen Vertragsschlusses ist der Todeszeitpunkt des Erklärenden insofern unerheblich.

Es ist auch kein sachlicher Grund ersichtlich, warum die bereits abgegebene Erklärung durch den Tod des Erklärenden erlöschen sollte. Durch Abgabe der Erklärung hat der Erblasser alles seinerseits Erforderliche getan. Die Wirkungen der Willenserklärung gehen also gemäß § 1922 BGB auf den Erben über. Wird die Erklärung angenommen, so enthält der Nachlass einen wirksamen Vertrag.

Durch § 153 BGB wird der Geschäftspartner eines verstorbenen Antragenden geschützt. Er kann seine Annahmeerklärung auch dann noch abgeben, wenn der Antragende bereits nicht mehr lebt. Ebenso wird § 153 BGB herangezogen, wenn die Annahmeerklärung im Todeszeitpunkt zwar schon abgegeben, aber noch nicht zugegangen war[248]. Der Zugang muss dann beim Erben erfolgen[249]. Auch diese Regelung bietet Rechtssicherheit und

---

247 *Einsele,* in: MüKo, § 130 Rn. 42.
248 *Busche,* in: MüKo, § 153 Rn. 1.
249 *Busche,* in: MüKo, § 153 Rn. 3.

verhindert Zufälligkeiten aufgrund des Todeszeitpunktes in der Phase der Vertragsanbahnung. Die Motive sprechen in Bezug auf § 89 E1, den Vorgänger des § 153 BGB, von einem „wirtschaftlichen Bedürfnis", das regelmäßig „mit dem Vermögen bestehen bleibt, wenn solches auch mit dem Tode des bisherigen Inhabers in andere Hände übergeht"[250]. § 153 BGB a. E. enthält jedoch eine Ausnahmeklausel, falls ein abweichender Wille des Antragenden anzunehmen ist. Wenn ein solcher gegenteiliger Wille des Verstorbenen anzunehmen ist, hindert der zufällige Tod vor Abschluss des Vertrages dessen Zustandekommen. Diese Ausnahme ist aber durch den gegenteiligen Willen des Verstorbenen sachlich gerechtfertigt.

V. Die Gleichstellung des *nasciturus* mit einem bereits Geborenen

Die Regelungen in § 1923 Abs. 2 BGB und § 844 Abs. 2 S. 2 BGB stellen den *nasciturus* einer bereits geborenen Person gleich. Dadurch wird vermieden, dass jemand allein deshalb von Rechten ausgeschlossen wird, weil ein anspruchsbegründendes Ereignis, wie eine tödliche Verletzung oder ein Erbfall, vor seiner Geburt stattfinden.

1. Der *nasciturus* als Erbberechtigter gemäß § 1923 Abs. 2 BGB

Genauso wie die Erbfolge nach Stämmen verhindert § 1923 Abs. 2 BGB eine Änderung der Erben durch die zufällige Reihen- bzw. Abfolge von Sterbefällen und Geburten. Wird der *nasciturus* lebend geboren, so gilt er nach § 1923 Abs. 2 BGB rückwirkend als bereits zum Zeitpunkt des Erbfalls geboren und war deshalb bereits zu diesem Zeitpunkt Erbe[251]. Wenn der *nasciturus* also durch die Geburt erbfähig wird, verlagert § 1923 Abs. 2 BGB den Zeitpunkt der Erbfähigkeit auf den Erbfall vor[252]. Bei einer Fehl- oder Totgeburt oder dem Tod des *nasciturus* mit der Mutter ist die Erbfähigkeit nie eingetreten[253].

---

250 Motive I, S. 176 (*Mugdan* I, S. 449).
251 *Leipold,* in: MüKo, § 1923 Rn. 21; *Zimmer,* in: Prütting, § 1923 Rn. 10.
252 *Zecher,* in: Deutscher Erbrechtskommentar, § 1923 Rn. 7; *Zimmer,* in: Prütting, § 1923 Rn. 10.
253 *Zimmer,* in: Prütting, § 1923 Rn. 11.

Mit den heutigen medizinischen Möglichkeiten künstlicher Befruchtung führt dies zu Rechtsunsicherheiten, da man auch Jahre nach dem Erbfall noch mit der Geburt weiterer Erben rechnen muss. Es mag sogar sein, dass ein Embryo gerade wegen des Erbfalls implantiert wird, um einen Erben zu erzeugen[254]. Die Frage, wie der Fall zu entscheiden wäre, wenn der Erblasser weitergelebt hätte, lässt sich in derartigen Fällen oft nicht beantworten. Es sollte aber zum Schutz des *nasciturus* generell in weiter Auslegung der Kontinuitätsmaxime jeder später Geborene dieselben Erbrechte für sich beanspruchen dürfen[255].

2. Der *nasciturus* als Anspruchsberechtigter gemäß § 844 Abs. 2 S. 2 BGB

In Bezug auf Ersatzansprüche Dritter bei Tötung wird der *nasciturus* gemäß § 844 Abs. 2 S. 2 BGB einem bereits zum Zeitpunkt der Verletzungshandlung Geborenen gleichgestellt. Aufgrund der Regelung des § 844 Abs. 2 BGB hat ein Dritter, demgegenüber der Getötete unterhaltspflichtig war oder werden konnte, Anspruch auf Ersatz des entgangenen Unterhalts. Der *nasciturus* soll im Hinblick auf Ansprüche gegen einen Schädiger nicht schlechter gestellt werden, als wenn die Schädigung nach seiner Geburt eingetreten wäre. § 844 Abs. 2 S. 2 BGB verlangt, dass der *nasciturus* „zur Zeit der Verletzung“ gezeugt war. Es genügt also nicht, wenn der *nasciturus* zwar noch vor dem Tod, aber erst nach der Verletzungshandlung gezeugt wird[256]. Der Grund des Ersatzanspruches, also das Verwandtschaftsverhältnis, die Ehe oder Lebenspartnerschaft, muss bereits im Zeitpunkt der Verletzungs-

---

254 Der Antritt einer Erbschaft könnte z. B. vom Wert der Erbschaft abhängig gemacht werden, vgl. *Muscheler*, Erbrecht Band I, Rn. 130. Außerdem gab es in Australien bereits eine Gerichtsentscheidung, durch die eine Mutter feststellen ließ, dass ein Kind eines schon Verstorbenen erbberechtigt sein wird, wenn sie es sich später implantieren lässt und es austrägt. Supreme Court of Tasmania, Urteil vom 22.04.1996, Judgment No. A16/1996.

255 *Leipold*, in: MüKo, § 1923 Rn. 16; *Zimmer*, in: Prütting, § 1923 Rn. 12. Nach a. A. soll der postum Gezeugte soll lediglich Nacherbe nach § 2101 Abs. 1 BGB oder Vorvermächtnisnehmer gemäß § 2162 Abs. 2 BGB werden können, so *Zecher*, in: Deutscher Erbrechtskommentar, § 1923 Rn. 10.

256 BGH 132, 39, 42 f.; Motive II, S. 780 (*Mugdan* II, S. 435 f.); *Luckey*, in: Prütting, § 844 Rn. 8.

handlung, die eventuell erst später zum Tod führt, vorgelegen haben[257]. § 844 Abs. 2 S. 2 BGB vermeidet zwar auch Zufälligkeiten, die durch eine Verschiebung der Reihenfolge von Tod des Unterhaltspflichtigen und Geburt des Berechtigten entstehen könnten. Der vornehmliche Zweck der Schadensersatzregelung bleibt aber, die Geschädigten so zu stellen, als wäre das schadensauslösende Ereignis nicht eingetreten. Bei einer Eheschließung nach der Verletzungshandlung ist es durchaus plausibel, dass die Ehe gerade wegen der tödlichen Verletzung geschlossen wurde, um dem Ehepartner Unterhaltszahlungen zu sichern. Ebenso ist es möglich, dass der tödlich Verletzte gerade wegen seines baldigen Ablebens noch einen Nachkommen zeugt. Der Schädiger soll für solche nach seiner Schädigungshandlung entstehenden potentiellen Unterhaltsansprüche nicht haften müssen. Ohne das schädigende Ereignis, die tödliche Verletzung, wäre in diesen Fällen keine Ehe geschlossen und eventuell kein Nachkomme gezeugt worden, und es wären damit keine Unterhaltsansprüche entstanden. Deshalb muss der Schädiger für diese Unterhaltsansprüche auch keinen Ersatz zahlen. Das Gesetz trifft allerdings keine Differenzierung danach, ob etwa eine Hochzeit bereits geplant war und die Unterhaltsansprüche auch ohne das schädigende Ereignis entstanden wären. Der Schädiger muss nur für die Ansprüche Ersatz leisten, die im Zeitpunkt des schädigenden Ereignisses angelegt waren[258].

§ 844 Abs. 2 S. 2 BGB sorgt also für eine Kontinuität, indem er den im Verletzungszeitpunkt Gezeugten mit dem bereits Geborenen im Hinblick auf den Schadensersatzanspruch nach S. 1 gleichstellt. Daher werden grundsätzlich auch nach dem schädigenden Ereignis entstehende Schadensverläufe berücksichtigt. Beispielsweise wird bei der Schadenshöhe nach Beschädigung eines Taxis auch der Verdienstausfall eingerechnet, den der Geschädigte hat, bis die Beschaffung eines neuen Wagens möglich ist. Spätere Handlungen des Verletzten, die die Schadenssumme theoretisch vergrößern, finden jedoch keine Berücksichtigung. Der Schädiger soll keine Kosten tragen, für die der Verletzte erst nach dem schädigenden Ereignis einen Grund setzt, etwa durch Eheschließung oder Zeugung. Der Schädiger muss nur für die Schäden einstehen, deren Eintritt im Moment des schadens-

257 *Luckey*, in: Prütting, § 844 Rn. 11.
258 Motive II, S. 780 (*Mugdan* II, S. 435 f.).

auslösenden Ereignisses vorherbestimmt und angelegt war. Für ein späteres Eingreifen Dritter oder des Verletzten in den Kausalverlauf, das die Schäden erhöht, soll der Ersatzpflichtige nicht haften. Somit erhält ein Kind, das gezeugt wird, nachdem die tödliche Verletzung stattgefunden hat, keinen Anspruch aus § 844 Abs. 2 BGB, weil im Zeitpunkt der Zeugung schon feststeht, dass der Sterbende keinen Unterhalt wird leisten können. Ebenso wenig kann die Ehefrau, die den bereits tödlich Verletzten heiratet, Unterhaltsersatz verlangen.

Die Regelung des § 844 Abs. 2 S. 2 BGB bewirkt also, da sie den im Verletzungszeitpunkt Gezeugten mit dem bereits Geborenen gleichstellt, keine Kontinuität im Erbrecht, sondern sorgt vielmehr für Kontinuität im Schadensersatzrecht.

3. Fazit

Sowohl § 1923 Abs. 2 BGB als auch § 844 Abs. 2 S. 2 BGB sorgen für Kontinuität. Die Regelung des § 844 Abs. 2 S. 2 BGB ist jedoch dem Schadensersatzrecht zuzuordnen und stützt damit nicht die Argumentation zugunsten einer speziell erbrechtlichen Kontinuitätsmaxime. § 1923 Abs. 2 BGB bewirkt hingegen Kontinuität in Fällen, in denen sich die Erbfolge sonst dadurch ändert, dass der Erblasser zufällig vor der Geburt des eigentlichen Erben verstirbt. Dies ist im Hinblick auf den Schutz des *nasciturus* gerechtfertigt. Daneben bleibt ist die Regelung ein Beispiel für die Intention des Gesetzgebers, für Kontinuität im Erbrecht zu sorgen.

VI. Übergang oder Erlöschen von Unterhaltspflichten

Beim Tod eines Unterhaltsverpflichteten kann die Unterhaltspflicht entweder erlöschen oder auf den Erben übergehen. Für bereits entstandene Ansprüche haftet der Erbe unproblematisch. Es handelt sich dabei um gewöhnliche Nachlassverbindlichkeiten. Ob aber auch nach dem Tod eines Unterhaltspflichtigen Unterhaltsansprüche gegen den Erben entstehen können, hängt von der Art des Unterhaltsanspruchs ab. Einige Unterhaltspflichten erlöschen mit dem Tod des Verpflichteten wie etwa der Verwandtenunterhalt gemäß § 1615 BGB. Andere gehen über auf den Erben, gegen den also nach dem Erbfall neue Zahlungsansprüche des Berechtigten entstehen; so der Unterhaltsanspruch des geschiedenen

Ehegatten gemäß § 1586 b BGB und der Unterhaltsanspruch der Mutter des nichtehelichen Kindes gemäß § 1615 l Abs. 3 S. 4 BGB. Im Folgenden wird analysiert, inwieweit ein Erlöschen der Unterhaltspflichten bzw. ein Übergehen der Pflicht auf den Erben im Einklang mit einer erbrechtlichen Kontinuitätsmaxime steht.

Gemäß § 1615 BGB erlischt grundsätzlich der Unterhaltsanspruch mit dem Tode des Berechtigten oder des Verpflichteten. Das Erlöschen mit dem Tode des Berechtigten ist eine Selbstverständlichkeit[259]. Die Unterhaltszahlungen sollen es dem Berechtigten ermöglichen, seinen Lebensbedarf zu decken. Dieser Zweck entfällt mit seinem Tode offensichtlich. Problematisch sind aber die Konstellationen, in denen der Verpflichtete verstirbt, während der Unterhaltsberechtigte weiterhin seinen Lebensbedarf decken muss. Der Unterhaltsanspruch eines geschiedenen Ehegatten erlischt gemäß § 1586 b BGB nicht mit dem Tod des Unterhaltsverpflichteten. Diese Unterhaltspflicht ist ehebedingt und wird vom Tod des Verpflichteten nicht berührt[260]. Sie endet daher nicht mit dem Tod des Erblassers. Sie könnte im Gegenteil sogar durch den Tod erst durchsetzbar werden, zumal die Beschränkungen nach § 1581 BGB gemäß § 1586 b Abs. 1 S. 2 BGB entfallen[261]. Allerdings sind die Ansprüche durch § 1586 b Abs. 1 S. 3 BGB in der Höhe begrenzt auf den Wert, den der Berechtigte erlangt hätte, wenn die Ehe nicht geschieden worden wäre. Damit ist gewährleistet, dass der geschiedene Ehegatte nicht besser steht als ein noch verheirateter. Außerdem ist für den Erben die maximale Zahlungsverpflichtung vorhersehbar. Der Unterhaltsanspruch der Mutter des nichtehelichen Kindes kann gemäß § 1615 l Abs. 3 S. 4 BGB ebenfalls gegen den Erben entstehen[262]. Der Unterhaltsgrund ist die Mutterschaft und wird durch den Tod des unterhaltspflichtigen Vaters nicht berührt. Entstehen nach dem Tod Kosten infolge von Schwangerschaft und Entbindung, so entsteht der Ersatzanspruch aus § 1615 l Abs. 1 BGB gemäß Abs. 3 S. 4 gegen den Erben. Bei diesen beiden Unterhaltspflichten wirkt der Verpflichtungsgrund über den Tod des Verpflichteten hinaus. Der Erbfall verhindert die Entstehung der Ansprüche

259 *Hammermann,* in: Erman, § 1615 Rn. 3.
260 *Maurer,* in: MüKo, § 1586b.
261 *Brudermüller,* in: Palandt, § 1586b Rn. 5.
262 *Hammermann,* in: Erman, § 1615 Rn. 4.

nicht. Ist der Verpflichtete vor Entstehung des Anspruchs verstorben, so entsteht also der Anspruch gegen seinen Erben, sobald sämtliche Anspruchsvoraussetzungen erfüllt sind.

Beim Verwandtenunterhalt ist die Situation anders. Der Rechtsgrund für den Unterhaltsanspruch liegt hier im Verwandtschaftsverhältnis[263]. Dieses wird durch den Tod des Verpflichteten aufgelöst, der Unterhaltsanspruch erlischt nach § 1615 BGB. Beim Verwandtenunterhalt ändert sich also die wirtschaftliche Lage des Anspruchsberechtigten durch den Tod des Verpflichteten. Der Berechtigte erhält aufgrund des Todes seines Anspruchsgegners keine weiteren Zahlungen. Fraglich ist, ob dieses Erlöschen des Unterhaltsanspruchs nach § 1615 BGB gegen die Kontinuitätsmaxime im Erbrecht verstößt, nach der Zufälligkeiten durch den Tod vermieden werden sollen. Man könnte argumentieren, durch ein früheres Versterben des Unterhaltsverpflichteten erhalte der Berechtigte weniger Leistungen, seine Vermögensverhältnisse würden durch den Tod des Verpflichteten beeinflusst. Allerdings ist das Erlöschen seines Unterhaltsanspruchs sachlich gerechtfertigt. Der Anspruch richtete sich nur gegen die Person des Erblassers, da zu ihm das notwendige Verhältnis bestand. Ab dem Erbfall entstehen gegebenenfalls Unterhaltsansprüche gegen den nächsten, bisher nachrangigen Verwandten[264]. Außerdem haben die Unterhaltsberechtigten gemäß § 2303 BGB oder § 2309 BGB Anspruch auf den Pflichtteil. Damit bekommen sie durch den Erbfall einen anderen Vermögenszuwachs, als sie durch weitere Unterhaltszahlungen bekommen hätten. Der Pflichtteil ersetzt gewissermaßen die Unterhaltszahlungen. Der Untergang der Unterhaltspflicht mit dem Erbfall ist demnach keine Zufälligkeit, sondern eine sinnvolle Folge des Todes des Verpflichteten.

Anders als die Verwandten haben die geschiedenen Ehegatten aufgrund der Scheidung gerade keinen Pflichtteilsanspruch mehr. Dies ist ein sachlicher Grund dafür, warum der Unterhaltsanspruch des geschiedenen Ehegatten gemäß § 1586 b BGB nicht mit dem Tode des Verpflichteten erlischt. Der Erbe haftet für den Unterhalt gemäß § 1586 b Abs. 1 S. 3 BGB bis zu dem Betrag, der dem Pflichtteil entspricht, den der Berechtigte erhalten hätte, wenn die Ehe nicht geschieden worden wäre. Die Erbschaft verringert

263 *Brudermüller,* in: Palandt, § 1615 Rn. 1.
264 *Hammermann,* in: Erman, § 1615 Rn. 4.

sich also maximal um die Höhe des hypothetischen Pflichtteils. Der Erbe muss nicht etwa eine unbegrenzt andauernde, kontinuierliche Schmälerung seines Erbes fürchten. Die Höhe der Verpflichtungen ist für ihn berechenbar.

Demnach entsprechen auch die Vererblichkeit und die Unvererblichkeit von Unterhaltsansprüchen der Gerechtigkeitsmaxime, nach der Zufälligkeiten im Erbrecht zu vermeiden sind. Unterhaltszahlungen erlöschen, wenn sie aus einem Verwandtschaftsverhältnis herrühren, das mit dem Tod beendet wird. Der Berechtigte erhält dann gegebenenfalls einen Pflichtteilsanspruch und eventuell Unterhaltsansprüche gegen zu Lebzeiten des Verpflichteten nachrangige Verwandte. Damit ist das Ende der Verwandtenunterhaltszahlungen eine interessengerechte Folge des Todes. Die Ansprüche des geschiedenen Ehegatten sind hingegen gemäß § 1586 b BGB vererbbare Pflichten. Der geschiedene Ehegatte hätte anderenfalls allein wegen des Todes des Erblassers keine Ansprüche mehr. Um diese wirtschaftliche Änderung durch den zufälligen Tod zu vermeiden, entstehen die Unterhaltsansprüche nach dem Erbfall gegen den Erben bis zu der Höhe, die der Ehegatte als Pflichtteil erhalten hätte, wenn er nicht geschieden gewesen wäre.

Bemerkenswert ist im Rahmen der Diskussion um die Vererblichkeit der deliktischen Handlung insbesondere der Unterhaltsanspruch der Mutter des nichtehelichen Kindes gemäß § 1615 l Abs. 1 BGB. Wenn erst nach dem Tod des Vaters sämtliche Anspruchsvoraussetzungen erfüllt sind, entsteht dieser Anspruch originär gegen den Erben. Demgemäß sollte auch ein deliktischer Anspruch nach dem Tod des Verantwortlichen entstehen können, falls erst danach sämtliche Tatbestandsvoraussetzungen erfüllt werden.

VII. Zusammenfassung

In diesem Kapitel wurde dargelegt, dass dem Erbrecht im BGB ein Grundsatz der Kontinuität zugrunde liegt, nach dem die Rechtsfolgen des Erbfalls möglichst unabhängig von Zufälligkeiten sein sollen. Dies zeigt sich bereits in der Regelung der Gesamtrechtsnachfolge, die es möglich macht, dass Rechtsverhältnisse des Erblassers nach seinem Tod durch ein anderes

Rechtssubjekt weiter geführt werden[265]. Durch die Erbfolge nach Stämmen wird die Höhe der Erbquoten möglichst wenig durch die zufällige Reihenfolge von Sterbefällen beeinflusst[266]. Der Erbenbesitz gem. § 857 BGB ermöglicht, dass auf Nachlasssachen in der Zeit zwischen dem Erbfall und der Erlangung der tatsächlichen Sachherrschaft durch den Erben die gleichen Vorschriften anwendbar sind wie auf Sachen im Besitz des Erben[267]. Dies sorgt für Kontinuität, indem die Anwendbarkeit von Rechtsfolgen, die an Besitz anknüpfen, weniger abhängig ist von Zufälligkeiten wie dem Todeszeitpunkt des Besitzers oder der tatsächlich Besitzergreifung durch den Erben. Für Kontinuität sorgen auch die §§ 130 Abs. 2, 153 BGB, nach denen ein vonseiten des Verstorbenen bereits durch Abgabe einer Willenserklärung angebahnter Vertrag nicht an dessen Tod scheitert. Die Gleichstellung des *nasciturus* als Erbberechtigten gem. § 1923 Abs. 2 BGB bewirkt Kontinuität in Fällen, in denen sich die Erbfolge sonst dadurch ändert, dass der Erblasser zufällig vor der Geburt des eigentlichen Erben verstirbt. Sie verhindert also eine Änderung der Rechtslage aufgrund der zufälligen Reihenfolge von Sterbefällen und Geburten. Der Grundsatz der Kontinuität zeigt sich zudem in der Vererblichkeit oder Unvererblichkeit von Unterhaltspflichten nach BGB. Wie dargelegt[268], folgt im BGB die Entscheidung, welche Ansprüche auf den Erben übergehen und welche mit dem Tode des Verpflichteten erlöschen, der Gerechtigkeitsmaxime, nach der Zufälligkeiten im Erbrecht zu vermeiden sind.

Wendet man diesen Kontinuitätsgrundsatz auf die bereits begangene deliktische Handlung an, dann muss der Schadensersatzanspruch gegen den Erben des deliktisch Handelnden ebenso entstehen, wie er gegen den Erblasser entstanden wäre. Der zufällige Tod des Handelnden vor Schadenseintritt soll nicht zu einer Veränderung der Rechtslage führen. Dies zeigt sich auch insbesondere in der Parallele mit dem postmortalen Vertragsschluss, bei dem der Erblasser durch seine Willenserklärung bereits alles seinerseits

---

265 *Eberl-Borges,* VersR 1996, S. 1070, 1073; *Giger,* Das Schicksal des Rechts, S. 117 f.; *Muscheler,* Erbrecht, Band I, S. 1 ff.

266 *Wacke,* NJW 1981, S. 1577, 1581.

267 *Joost,* in: MüKo, § 857 Rn. 1; *Prütting,* in: Prütting, § 857 Rn. 1; *Wieling,* Sachenrecht, § 4 V 1 a.

268 Siehe oben § 3 VI.

Erforderliche getan hat, um einen Vertrag zustande zu bringen. Ebenso hat er nach Begehen der deliktischen Handlung alles seinerseits Erforderliche getan, um im Falle des Schadenseintritts ersatzpflichtig zu sein. Wenn ein Schadensersatzanspruch allein deshalb noch nicht entstanden ist, weil noch kein Schaden eingetreten ist, dann verlangt der Grundsatz der Kontinuität im Erbrecht, dass der Anspruch gegen den Erben entsteht. Ebenso bewirkt die Kontinuitätsmaxime gem. § 1615 l Abs. 1 BGB auch für den Unterhaltsanspruch der Mutter des nichtehelichen Kindes das Entstehen eines Anspruchs originär gegen den Erben.

§ 4. Der Kontinuitätsgrundsatz und seine Ausnahmen

Im folgenden Kapitel soll die Geltung der Kontinuitätsmaxime kritisch zu untersuchen. Sie ist anhand von Konstellationen zu prüfen, in denen das Gesetz mit dem Erbfall Änderungen der Rechts- und Pflichtenlage vorsieht. Es wird analysiert werden, inwiefern eine unterschiedliche Behandlung der rechtlichen Lage mit und ohne den Todesfall gerechtfertigt ist. Dabei soll geklärt werden, ob und falls ja, inwieweit der Grundsatz der Kontinuität durch diese Regelungen durchbrochen wird. Durch Analyse der Konstellationen, die einer generellen Statuierung von Kontinuität im Erbrecht widersprechen, werden die Grenzen des Kontinuitätsgrundsatzes und seine Ausnahmen dargestellt. Dabei werden auch Erkenntnisse zu Sinn und Zweck der Kontinuitätsmaxime gewonnen.

I. Die Billigkeitshaftung nach § 829 BGB

Wer für einen von ihm verursachten Schaden nicht verantwortlich ist, hat diesen Schaden grundsätzlich nicht zu ersetzen. Ausnahmsweise trifft den nicht verantwortlichen Schädiger aber unter den Voraussetzungen des § 829 BGB eine Ersatzpflicht aus Billigkeitsgründen. Eine Tatbestandsvoraussetzung des § 829 BGB ist, dass ihm nicht die Mittel entzogen werden, die er zum angemessenen Unterhalt sowie zur Erfüllung seiner gesetzlichen Unterhaltspflichten benötigt. Nach seinem Tod bedarf der Schädiger aber keiner Mittel zu seinem Unterhalt mehr. Wenn eine Ersatzpflicht nach § 829 BGB also allein deswegen ausgeschlossen ist, weil ihm die Mittel entzogen würden, derer er zum angemessenen Unterhalt bedarf, kann durch seinen Tod eine Ersatzpflicht entstehen[269]. Hier soll untersucht werden, ob eine solche Ersatzpflicht aufgrund des Versterbens des Erblassers dem Grundsatz der Vermeidung von Zufälligkeiten im Erbrecht widerspricht. Der Wertungsvergleich mit den Fällen eines erst nach dem Tod des Erblassers entstehenden Schadens ist besonders interessant, weil die

269 BGHZ 76, 279, 287.

Verbindlichkeit aus § 829 BGB ebenfalls erst nach dem Tod des Erblassers, also im Nachlass entsteht.

Die Billigkeitshaftung nach § 829 BGB ist eine Ausnahme vom Verschuldensprinzip[270]. Die Norm greift ein, wenn zwar ein Verletzungstatbestand erfüllt ist, der Schadensersatzanspruch aber wegen mangelnder Verantwortlichkeit ausgeschlossen ist. Nach h. M. muss der Deliktstatbestand auch rechtswidrig verwirklicht sein[271]. Anderenfalls würde der nicht rechtswidrig handelnde Schuldunfähige durch die Billigkeitshaftung des § 829 BGB schlechter gestellt als ein Schuldfähiger. Es muss also geprüft werden, ob ein Schuldfähiger, unterstellt, er habe die Handlung des Schuldunfähigen vorgenommen, ersatzpflichtig gewesen wäre[272]. Verursacht der Schuldunfähige etwa einen Schaden trotz Einhaltung der im Verkehr erforderlichen Sorgfalt i. S. d. § 276 BGB, so ist der Anwendungsbereich des § 829 BGB nicht eröffnet[273]. Die Billigkeitshaftung sieht lediglich in den Fällen eine wertungsmäßige Korrektur vor, in denen eine an sich gebotene Ersatzpflicht allein an der mangelnden Verantwortlichkeit des Schädigers scheitert. Fehlt dem Schädiger bereits die Handlungsfähigkeit, etwa wenn ein Kraftfahrer in unvorhersehbarer Weise das Bewusstsein verliert, kann § 829 BGB analog angewandt werden[274].

Soweit von einem aufsichtspflichtigen Dritten Schadensersatz erlangt werden kann, greift die Billigkeitshaftung des § 829 BGB nicht ein. Für die Subsidiarität der Billigkeitshaftung gegenüber der Haftung der Aufsichtsperson ist aber erforderlich, dass der Geschädigte tatsächlich den Schadensersatz erlangen kann, also der Anspruch gegen den Aufsichtspflichtigen durchsetzbar ist. Dann kann die Billigkeitshaftung des § 829 BGB zu der Haftung des Aufsichtspflichtigen hinzutreten. Schädiger und Aufsichtspflichtiger haften dann als Gesamtschuldner[275]. Im Innenverhältnis ist der Aufsichtspflichtige dem Schädiger gegenüber gemäß § 840 Abs. 2 BGB ausgleichspflichtig.

---

270 *Staudinger,* in: Nomos Kommentar, § 829 Rn. 1.
271 *Staudinger,* in: Nomos Kommentar, § 829 Rn. 4.
272 *Oechsler,* in: Staudinger, § 829 Rn. 25 ff.
273 *Staudinger,* in: Nomos Kommentar, § 829 Rn. 4.
274 *Oechsler,* in: Staudinger, § 829 Rn. 28 ff.; *Schiemann,* in: Erman, § 829 Rn. 1; *Staudinger,* in: Nomos Kommentar, § 829 Rn. 5.
275 *Schaub,* in: Prütting, § 829 Rn. 4; *Schiemann,* in: Erman, § 829 Rn. 2; *Staudinger,* in: Nomos Kommentar, § 829 Rn. 6.

Die Haftung nach § 829 BGB greift nur ein, sofern die Billigkeit nach den Umständen eine Schadloshaltung erfordert. Es genügt nicht, dass die Billigkeit einen Schadensersatzanspruch erlauben würde[276]. Die Erforderlichkeit verlangt eine umfassende Bewertung aller Umstände der Tat und der Beteiligten. Dabei werden auch die Vermögensverhältnisse der Beteiligten gewürdigt. Nach h. M. muss zwischen dem Schädiger und dem Geschädigten ein deutliches wirtschaftliches Gefälle bestehen[277]. Hierbei ist umstritten, ob und inwieweit Versicherungen des Geschädigten und des Schädigers berücksichtigt werden dürfen. Nach Ansicht des BGH soll eine Kfz-Haftpflichtversicherung des Schädigers, wenn es sich um eine Pflichtversicherung handelt, haftungsbegründend berücksichtigt werden[278]. Freiwillige Versicherungen können nach h. M. zumindest die Höhe des Ersatzanspruchs beeinflussen[279]. Die Billigkeitshaftung tritt insoweit ein, wie die Billigkeit es erfordert. Sie ist also in der Höhe auf das gebotene Maß begrenzt[280].

Der Anspruch auf Ersatz entsteht gem. § 829 BGB a. E. nicht, wenn dem Schädiger durch eine Ausgleichszahlung die Mittel entzogen werden, derer er für seinen eigenen Unterhalt oder für die Erfüllung gesetzlicher Unterhaltspflichten bedarf[281]. Das Schonvermögen, das der Schädiger für seinen eigenen oder den Unterhalt braucht, den zu leisten er gesetzlich verpflichtet ist, darf ihm nicht entzogen werden[282]. Dieser Schutz entfällt aber mit dem Tod des Schädigers[283]. Sobald er keinen Unterhalt mehr bestreiten muss, kann der Geschädigte Ersatz verlangen. Das Interesse des Erben an einem ungeschmälerten Nachlass ist gegenüber dem Kompensationsinteresse des Geschädigten nachrangig[284]. Die Verbindlichkeit aus § 829 BGB entsteht

276 BGHZ 76, 279, 284; BGHZ 127, 186, 192; *Sprau,* in: Palandt, § 829 Rn. 4; *Staudinger,* in: Nomos Kommentar, § 829 Rn. 7.

277 *Staudinger,* in: Nomos Kommentar, § 829 Rn. 7.

278 BGHZ 127, 192; *Spickhoff,* in: Soergel, § 829 Rn. 18.

279 *Staudinger,* in: Nomos Kommentar, § 829 Rn. 7.

280 *Schaub,* in: Prütting, § 829 Rn. 9; *Staudinger,* in: Nomos Kommentar, § 829 Rn. 8.

281 *Oechsler,* in: Staudinger, § 829 Rn. 61.

282 *Staudinger,* in: Nomos Kommentar, § 829 Rn. 9.

283 BGHZ 76, 279, 287.

284 *Spickhoff,* in: Soergel, § 829 Rn. 21; *Wagner,* in: MüKo, § 829 Rn. 23.

also mit dem Tod des Schädigers, da in diesem Moment seine Unterhaltspflichten enden. Diesem Ergebnis steht nicht entgegen, dass das Erblasservermögen im gleichen Zeitpunkt gemäß § 1922 BGB auf den Erben übergeht. Die Ersatzpflicht entsteht als Erbschaftsverbindlichkeit gemäß § 1967 BGB. Es entspricht der Billigkeit, das Erblasservermögen für den Ersatz einstehen zu lassen, wenn der Schonzweck weggefallen ist. Es kann auch etwa nicht eingewandt werden, nach dem Erbfall sei das Vermögen auf den Erben übergegangen, auf dessen Vermögensverhältnisse es für die Haftung aus § 829 BGB nicht ankommen dürfe. Eine derartige Argumentation verstößt gegen den Normzweck des § 829 BGB, der gerade einen Ersatz aus Billigkeitsgründen erfordert. Die Verpflichtung muss in einer logischen Sekunde entstehen, in der die Unterhaltspflicht des Erblassers erlischt, sein Vermögen aber noch für die Billigkeitsabwägung berücksichtigt wird[285].

Das Vermögen des Schädigers wird nur so weit geschützt, wie es für Unterhaltszahlungen erforderlich ist. Falls der Nachlass weiter für Unterhaltsansprüche haftet, bleibt der Ersatzanspruch insoweit nach wie vor ausgeschlossen[286]. Auch wenn der Erbe gegenüber dem Erblasser zu dessen Lebzeiten unterhaltsberechtigt war und nun aus dem Nachlass seinen Unterhalt selbst bestreiten muss, darf der Ersatzanspruch nach § 829 BGB nicht entstehen[287]. Dies entspricht der Kontinuitätsmaxime im Erbrecht und allgemeinen Billigkeitserwägungen. Wenn der Erbe zu Lebzeiten des Erblassers einen Unterhaltsanspruch hat, dessen Befriedigung dem Ersatzanspruch des Geschädigten vorgeht, dann muss auch nach dem Tod des Erblassers die Unterhaltssicherung des Erben dem Ersatzanspruch weiterhin vorgehen. In diesem Fall sichert das Schonvermögen schon zu Lebzeiten des Erblassers den Unterhalt des Erben. Lediglich der Teil des Schonvermögens, für den die Unterhaltsansprüche mit dem Tode des Erblassers ersatzlos wegfallen, wird für die Billigkeitshaftung nach § 829 BGB frei. Entfällt also durch den Tod der Unterhaltsanspruch der einen Person, während eine andere Person erbt, so geht der Ersatzanspruch des Geschädigten dem Interesse des Erben vor. Der bis zum Tode des Schädigers Unterhaltsberechtigte verliert seinen Un-

285 BGHZ 76, 279, 288.

286 *Wagner,* in: MüKo, § 829 Rn. 23.

287 *Oechsler,* in: Staudinger, § 829 Rn. 63.

terhaltsanspruch[288]. Das Vermögen des Schädigers geht nach § 1922 BGB auf einen Erben über, zu dessen Gunsten der Schutz des § 829 BGB a. E. zu Lebzeiten des Erblassers nicht galt. Daher kann der Erbe sich auch nach dem Erbfall nicht auf diesen Schutz berufen. Das Entstehen der Ersatzpflicht mit dem Tod ist im Fall des § 829 BGB keine Zufälligkeit, sondern eine natürliche Folge des Wegfalls der Unterhaltspflicht.

Die Gerechtigkeitserwägungen hinsichtlich der mit dem Tod des Schädigers entstehenden Billigkeitshaftung sind die gleichen wie bei einem nach dem Tod des Schädigers eintretenden Schaden. Das Interesse des Erben, eine ungeschmälerte Erbschaft zu erhalten, muss hinter dem Ausgleichsinteresse des Geschädigten zurücktreten. Im Fall des § 829 BGB kann sogar eine Situation entstehen, in der die Erben einen vom Erblasser hervorgerufenen Schaden ersetzen müssen, den der Erblasser selbst zu Lebzeiten nicht hätte ersetzen müssen, weil ihm sonst die zum Unterhalt benötigten Mittel entzogen worden wären. Dies ist aber recht und billig, wenn mit dem Tod dieser Hinderungsgrund wegfällt. In beiden Fällen muss das Vermögen des Erblassers auch nach seinem Tode noch dem Geschädigten zum Ausgleich zur Verfügung stehen. Sowohl bei einem nach dem Erbfall eintretenden Schaden als auch bei einem vor dem Erbfall wegen Unterhaltspflichten des Erblassers nicht entstehenden Billigkeitsanspruch muss das Interesse des jeweiligen Erben am ungeschmälerten Erbschaftsvermögen hinter dem Ausgleichsinteresse des Geschädigten zurücktreten.

II. Das Aufrechnungsverbot aus § 393 BGB

Gemäß § 393 BGB ist gegen Ansprüche aus einer vorsätzlich begangenen unerlaubten Handlung keine Aufrechnung zulässig. In der Norm selbst ist nicht geregelt, ob dieses Aufrechnungsverbot auch für den Erben eines noch unbefriedigten Anspruchs aus unerlaubter Handlung gilt. Inwieweit sich die Vererblichkeit des Aufrechnungsverbots aus § 393 BGB nach dem Kontinuitätsgrundsatz richtet, wird sich in diesem Kapitel zeigen. Im Rahmen der Analyse der Vererblichkeit der deliktischen Handlung ist interessant, inwieweit der Erbe des Schädigers an das Aufrechnungsverbot gebunden ist. Es ist zu prüfen, ob § 393 BGB nur für den deliktisch Handelnden selbst

288 Siehe zum Erlöschen von Unterhaltsansprüchen mit dem Erbfall § 3 VI.

gilt oder ob auch für seinen Erben der „Makel" der unerlaubten Handlung weiterwirkt, so dass auch er den Schadensersatz leisten muss, ohne mit eigenen Forderungen aufrechnen zu dürfen.

Das Aufrechnungsverbot des § 393 BGB erfüllt verschiedene Zwecke. Der Gläubiger der Forderung soll die Genugtuung erfahren, dass der gestörte Rechtsfriede durch Wiedergutmachung wiederhergestellt wird. Dabei soll dem Verletzten nicht zugemutet werden, sich mit dem Schuldner wegen anderer Forderungen auseinanderzusetzen[289]. Daneben soll das Aufrechnungsverbot auch die sog. „sanktionslose Privatrache" verhindern[290]. Der Gläubiger einer nicht realisierbaren Forderung könnte anderenfalls eine unerlaubte Handlung zu Lasten seines Schuldners begehen, um dessen Schadensersatzanspruch mit dem eigenen Anspruch aufzurechnen.

Das Aufrechnungsverbot hat aber nach h. M. sogar eine Straffunktion[291]. Die Verfasser des BGB entwickelten den heutigen § 393 BGB aus einer Regelung des römischen Rechts, der justinianischen Konstitution in C. 4, 31, 14, 2[292], nach der eine Aufrechnung gegenüber einer Forderung durch widerrechtliche Aneignung fremden Besitzes unzulässig ist[293]. Nach einer Mindermeinung dient das Aufrechnungsverbot damit lediglich der Vorbeugung unzulässiger Selbsthilfe[294]. Dies würde aber den Anwendungsbereich der Norm stark einengen[295]. Auch die Verfasser der Norm gingen wohl von einer Straffunktion aus. In den Materialien heißt es zu C. 4, 31, 14, 2: „Der Grund der Vorschrift ist unverkennbar der, daß dem Diebe und dem einem Diebe gleichzustellenden Übelthäter ausnahmsweise das Recht der Aufrechnung allgemein und schlechthin hat entzogen werden

---

289 *Gursky,* in: Staudinger, § 393 Rn. 1; RGZ 154, 334, 339.
290 *Deutsch,* NJW 1981, S. 735; *Grüneberg*, in: Palandt, § 393 Rn. 1; *Medicus*, Schuldrecht I, § 26 II 5 c.
291 *Gursky,* in: Staudinger, § 393 Rn. 1. A.A. *Pielemeier,* Das Aufrechnungsverbot des § 393 BGB, S. 87, 92 ff., 102.
292 Motive II, S. 112 (*Mugdan* II, S. 62); *Pielemeier,* Das Aufrechnungsverbot des § 393 BGB, S. 102.
293 Prot. I 1421 f. bei *Jakobs / Schubert*, Schuldrecht I, S. 713; Motive II, S. 112 (*Mugdan* II, S. 62).
294 *Pielemeier,* Das Aufrechnungsverbot des § 393 BGB, S. 102.
295 *Gursky,* in: Staudinger, § 393 Rn. 1.

sollen."[296] Dies klingt sehr nach einem Wunsch nach Sanktionierung des unredlich Handelnden. Außerdem wurde der Anwendungsbereich der Konstitution, die sich lediglich auf eine Kompensation durch widerrechtliche Aneignungen, also Selbsthilfefälle bezog, im BGB auf sämtliche unerlaubten Handlungen erweitert[297].

Trotz der Straffunktion gilt die Vorschrift des § 393 BGB aber auch für den Rechtsnachfolger[298]. Gemäß § 25 HGB gilt sie für den Geschäftserwerber. Demnach soll sie erst recht für den Erben gelten, der in die Stellung des Erblassers einrückt[299]. Der Erbe ist also an das Aufrechnungsverbot ebenso gebunden wie der Erblasser. Er muss nicht nur monetären Ersatz leisten, sondern muss dies auch in derselben Weise tun wie der deliktisch handelnde Erblasser selbst, ohne die Möglichkeit einer Aufrechnung.

Der Erbe haftet also wie der Erblasser für die unerlaubte Handlung. Die Wirkung des § 393 BGB kann damit weiter sein, als sie ohne den Erbfall wäre. Falls der Erblasser selbst keine Forderung hatte, mit der er theoretisch hätte aufrechnen können, entfaltet das Aufrechnungsverbot erst bei dem Erben Wirkung, der eventuell eine Forderung gegen den Gläubiger hat. Die Kontinuitätsmaxime verlangt, dass die Rechtsbeziehungen nicht durch den Todeszeitpunkt beeinflusst werden. Das Aufrechnungsverbot des § 393 BGB auch gegen den Erben wirken zu lassen bedeutet, dass der Gläubiger weiter Befriedigung seines Anspruchs aus unerlaubter Handlung verlangen kann. Er muss gegen diesen Anspruch nie eine Aufrechnung akzeptieren, auch dann nicht, wenn die Erfüllungspflicht auf einen anderen Schuldner übergegangen ist. Die Anwendung des § 393 BGB steht also mit dem Kontinuitätsgrundsatz in Einklang.

III. Die Berechtigung zur Anfechtung der Vaterschaft

In Bezug auf den Kontinuitätsgrundsatz ist auch das Recht zur Anfechtung der Vaterschaft diskussionswürdig. Nur ein kleiner Personenkreis ist

---

296 Motive II, S. 112 (*Mugdan* II, S. 62); Prot. I 1421 bei *Jakobs / Schubert*, Schuldrecht I, S. 713.

297 Motive II, S. 112 (*Mugdan* II, S. 62); Prot. I 1421 f. bei *Jakobs / Schubert*, Schuldrecht I, S. 713.

298 *Gursky,* in: Staudinger, § 393 Rn. 29.

299 RGZ 154, 334, 339.

gemäß § 1600 Abs. 1 BGB zur Anfechtung der Vaterschaft berechtigt. Das Anfechtungsrecht erlischt als höchstpersönliches Recht mit dem Tod[300]. Die strengen Regeln zu den Anfechtungsberechtigten dienen dem Wohl des Kindes. In eine bestehende Familie soll kein Fremder von außen eingreifen, indem er die Vaterschaft eines der Kinder behauptet. Auch dass das Anfechtungsrecht des Ehemannes mit seinem Tod untergeht, dient dem Schutz des Kindes. Die Entscheidung, die Vaterschaft anzufechten, ist eine höchstpersönliche, die der Ehemann sich gut überlegen soll. Wenn diese Entscheidung auf seine Erben oder seine Eltern überginge, die der Mutter und dem Kind weniger nahestehen als er selbst, würden diese eventuell wegen der Aussicht auf eine Erbschaft eher zum Mittel der Anfechtung greifen[301].

Stirbt der Ehemann allerdings, ohne vorher die Möglichkeit gehabt zu haben, über eine Vaterschaftsanfechtung zu entscheiden, führt sein früher Tod womöglich zu einer Abweichung von der Rechtslage, die sich anderenfalls entwickelt hätte. Eventuell hätte er die Vaterschaft angefochten, wenn er lang genug gelebt hätte. Dadurch hätte zum einen der biologische Vater die Möglichkeit, die Vaterschaft anzuerkennen, was ihm gemäß § 1594 Abs. 2 BGB verwehrt ist, solange die Vaterschaft eines anderen Mannes besteht. Zum anderen müssten die Erben sich nicht mit einem weiteren Abkömmling und dessen gesetzlichem Erbrecht auseinandersetzen. Besonders unbillig erscheint das Erlöschen des Anfechtungsrechts beispielsweise dann, wenn die schwangere Frau gemeinsam mit dem biologischen Vater den Ehemann tötet. Dennoch stellt der Tod des Anfechtungsberechtigten eine vertretbare Grenze der Anfechtbarkeit dar. Da Mutter und Kind weiterhin nach § 1600 Abs. 1 Nr. 3 und Nr. 4 BGB anfechtungsberechtigt sind, führt allein der Verlust des Anfechtungsrechts des Scheinvaters nicht dazu, dass die Vaterschaft mit seinem Tod unabänderlich feststeht. Die Schutzwürdigkeit der Eltern und eventuell anderer Angehöriger des verstorbenen Scheinvaters muss hinter der Schutzbedürftigkeit des Kindes zurücktreten. Die emotionalen Folgen für die Angehörigen, eine falsche Vaterschaft hinnehmen zu müssen, sowie ihr eventuell finanzielles Interesse sind geringer zu bewerten als die Folgen, die eine aufgezwungene Vaterschaftsanfechtung

300 *Wellenhofer*, in: MüKo, § 1600 Rn 2.
301 *Wellenhofer*, in: MüKo, § 1600 Rn 3.

für das Kind hätte. Der Wunsch des biologischen Vaters, die Vaterschaft anzuerkennen, wird gemäß § 1594 Abs. 2 BGB rechtspolitisch geringer bewertet als der Rechtsfrieden bei einer bestehenden Vaterschaft. Dies soll sich auch dann nicht ändern, wenn der rechtliche Vater verstorben ist. Zum Schutz des Kindes ist dieser Gedanke legitim, zumal das Kind selbst jederzeit die Möglichkeit hat, die bestehende Vaterschaft in Frage zu stellen. Der Untergang des Rechts zur Anfechtung der Vaterschaft ist somit sachlich gerechtfertigt. Als höchstpersönliches Recht soll es mit dem Tod des Berechtigten untergehen.

IV. Konfusion und Konvaleszenz

1. Im Erbrecht

Durch den Erbfall vereinigen sich die Vermögensmassen von Erblasser und Erbe. Regelmäßig fallen dadurch Pflichten und Forderungen zusammen. Wenn Schuldner und Gläubiger einer Forderung ein und dieselbe Person sind, greift grundsätzlich das Rechtsinstitut der Konfusion ein. Dadurch erlischt das Rechtsverhältnis. Problematisch ist ein Erlöschen des Schuldverhältnisses aber dann, wenn es noch Rechtswirkungen nach außen entfaltet. Zum einen ist denkbar, dass noch Rechte Dritter aus dem Schuldverhältnis erwachsen, zum anderen können Rechte des Schuldners bzw. Gläubigers gegen Dritte von dem Schuldverhältnis abhängen. Wenn man trotz fortbestehender Rechtswirkungen des Schuldverhältnisses sein Erlöschen durch Konfusion im Erbfall annimmt, kann dies auch gegen die Kontinuitätsmaxime verstoßen, nach der Zufälligkeiten im Erbrecht zu vermeiden sind[302]. Denn es entstünde eventuell durch den Tod des Erblassers eine Änderung der Rechtslage, die zu seinen Lebzeiten unmöglich gewesen wäre[303].

Konvaleszenz bezeichnet die Heilung, also das nachträgliche Wirksamwerden eines zunächst unwirksamen Rechtsgeschäfts. Für den Erbfall sind insbesondere die Fälle 2 und 3 des § 185 Abs. 2 S. 1 BGB relevant. Danach konvalesziert eine unwirksame Verfügung, wenn entweder der Verfügende den Gegenstand vom Berechtigten erwirbt (Fall 2) oder der

302 Siehe ausführlich oben § 3.
303 *Wacke*, JZ 2001, S. 380, 384.

Berechtigte den Verfügenden beerbt (Fall 3). In Bezug auf den Übergang der deliktischen Handlung ist die Behandlung und Wertung der Konvaleszenz aus § 185 Abs. 2 S. 1 BGB in vor allem zwei Punkten interessant. Zum einen gibt die Norm vor, dass der Erbe für die Verfügung des Erblassers einstehen muss, wodurch ein Handeln des Erblassers nach seinem Tod Rechtswirkungen entfaltet. Zum anderen kann man an den Folgen des § 185 Abs. 2 S. 1 BGB den Grundsatz der Kontinuität in Frage stellen, da die Konvaleszenz einer unwirksamen Verfügung im Erbfall eventuell zu zufälligen Ergebnissen führt.

Daher werden in diesem Kapitel verschiedene Fallkonstellationen von Konfusion und Konvaleszenz untersucht. Es soll zunächst festgestellt werden, wann diese Rechtsinstitute zu gerechten Ergebnissen führen. Anschließend wird diskutiert, welche möglichen Schlussfolgerungen sich aus den Untersuchungsergebnissen von Konfusion und Konvaleszenz für einen Übergang der deliktischen Handlung ergeben.

2. Die Verfügung eines Nichtberechtigten nach § 185 Abs. 2 S. 1 BGB

a) Der Erwerbsfall nach § 185 Abs. 2 S. 1 Fall 2 BGB

Erwirbt der Verfügende den Gegenstand, über den er nichtberechtigt verfügt hat, so wird die Verfügung gemäß § 185 Abs. 2 S. 1 Fall 2 BGB *ex nunc* wirksam. Dies gilt bei jeder Form des Erwerbs, auch bei einem Erwerb durch Erbschaft[304]. Grundsätzlich ist der Veräußerer einer fremden Sache verpflichtet, die Genehmigung des Berechtigten herbeizuführen. Falls dies nicht möglich ist, liegt Unvermögen nach § 275 Abs. 1 Fall 1 BGB vor, und der Leistungsanspruch ist ausgeschlossen. Wenn aber der Nichtberechtigte durch Erwerb des Gegenstandes zum Berechtigten wird, ist er weiter an seine Verfügung gebunden. Der Nichtberechtigte verstieße gegen den Rechtssatz des *venire contra factum proprium*, wenn er nicht mehr erfüllen wollte, nachdem er zur Erfüllung in der Lage ist. Für diese Fälle sieht § 185 BGB Konvaleszenz vor.

Auch wenn der Nichtberechtigte die Sache im Rahmen einer Erbschaft erlangt, handelt es sich hier nicht um einen Fall, bei dem ein zufälliges Versterben die Rechtslage ändert. Der Grundsatz, dass Zufälligkeiten im

304 *Leptien*, in: Soergel, § 185 Rn. 28.

Erbrecht vermieden werden sollen, wird in diesen Fällen nicht berührt. Entscheidend ist bei § 185 Abs. 2 S. 1 Fall 2 BGB nicht ein zufälliges Versterben, sondern ein zufälliger Erwerb.

b) Der Beerbungsfall nach § 185 Abs. 2 S. 1 Fall 3 BGB

§ 185 Abs. 2 S. 1 Fall 3 BGB bestimmt, dass eine unwirksame Verfügung konvaleszierт, wenn der Berechtigte den Verfügenden beerbt und für die Erbschaftsverbindlichkeiten unbeschränkt haftet. Nach h. M. tritt die Konvaleszenz nach § 185 Abs. 2 S. 1 Fall 3 BGB erst dann ein, wenn der Erbe unbeschränkbar haftet[305]. Geht man mit der Gegenauffassung davon aus, die Konvaleszenz trete immer dann ein, wenn die Haftung des Erben nicht beschränkt sei, dann wird die Verfügung im Zeitpunkt des Erbfalls wirksam[306]. Falls die Haftung des Erben später beschränkt wird, entfällt danach rückwirkend die Konvaleszenz[307].

Der Erbe muss gemäß § 185 Abs. 2 S. 1 Fall 3 BGB für die Rechtshandlungen des Erblassers umfassend einstehen. Danach geht die Verfügung des Erblassers auf den Erben über[308]. Der Rechtssatz des *venire contra factum proprium*, den der Erblasser gegen sich gelten lassen muss, wenn er den Gegenstand erwirbt, soll auch gegen den Erben gelten, der selbst nicht gehandelt hat. Dieses Rechtsempfinden kann auch dafür sprechen, den Erben für deliktische Handlungen des Erblassers haften zu lassen. Allerdings könnten die Rechtswirkungen des § 185 Abs. 2 S. 1 Fall 3 BGB in Konflikt mit der Maxime stehen, nach der Zufälligkeiten im Erbrecht vermieden werden sollen.

Das der Konvaleszenz des § 185 Abs. 2 S. 1 Fall 3 BGB zugrunde liegende Gerechtigkeits-empfinden entwickelte sich im bereits römischen Recht. Übergab ein Nichtberechtigter aufgrund eines wirksamen Kaufes eine Sache,

---

305 H. M.: *Ellenberger,* in: Palandt, § 185 Rn. 11a; *Hagen,* AcP 167 (1967), S. 481, 497 f.; *Harder,* in: Rechtsgeschichte und Privatrechtsdogmatik, S. 637, 646; *Maier-Reimer,* in: Erman, § 185 Rn. 28; *Wacke*, SZ 114 (1997), S. 199–232, 202 f., Fn. 22.

306 *Finkenauer,* in: FS Picker, S. 201, 214 ff.

307 *Finkenauer,* in: FS Picker, S. 201, 216, 219.

308 Anders ausdrücklich *Wacke,* SZ 114 (1997), S. 199, 202, der die Grenzen der Universalsukzession als überschritten ansieht, wenn der Erbe außer Rechten und Pflichten auch unwirksame Verfügungen erbe.

konnte der Eigentümer die Sache vom Erwerber grundsätzlich mit der *rei vindicatio* herausverlangen. Wenn der Erwerber aber den Veräußerer beerbte, konnte der Erwerber ihm eine Einrede, wahlweise die *exceptio rei venditae et traditae*[309] oder die *exceptio doli*[310], entgegenhalten[311]. Wenn die Sache sich bei einem Dritten oder bei dem Erben befand, konnte der Käufer oder auch der Schenkungsempfänger sie mit der *actio Publiciana* herausverlangen[312]. Der Erwerber wurde also sowohl gegen Dritte als auch gegen den quiritischen Eigentümer umfassend geschützt. Er war damit sog. bonitarischer Eigentümer. Das quiritische Eigentum musste er im römischen Recht allerdings noch ersitzen[313].

Im gemeinen Recht und in der Pandektistik setzte sich allmählich der Gedanke durch, statt einer Einrede solle der Erwerber bereits mit dem Erbfall durch Konvaleszenz Eigentümer werden. Dieser Gedanke wurde schließlich in § 185 Abs. 2 S. 1 Fall 3 BGB Gesetz. Die Verfasser des BGB wollten, dass auch der Erbe an die Verfügung des Erblassers über die Sache des Erben gebunden ist. In § 320 des Vorentwurfs des BGB[314] übernimmt der Redaktor v. Schmitt das Prinzip, dass der haftende Erbe die Verfügungen, die der Erblasser über Gegenstände des Vermögens des Erben getroffen hat, gegen sich gelten lassen muss, soweit der Erblasser selbst gebunden war[315]. Diskutiert wurde lediglich, in welchem Umfang der Schutz des Erwerbers ausgestaltet werden sollte. Die 1. Kommission entschied sich, statt der Einredelösung die Konvaleszenz einzuführen. Die Anerkennung des Eigentumserwerbs sei dem künstlichen Aushilfsmittel der Einreden mit späterer Ersitzung vorzu-

---

309 D. 21, 3, 1 pr. (Ulpian).

310 D. 21, 2, 73 (Paulus).

311 *Finkenauer,* in: FS Picker, S. 201, 205; *Harder,* in: Rechtsgeschichte und Privatrechtsdogmatik, S. 637, 640.

312 *Finkenauer,* in: FS Picker, S. 201, 206 u. Fn. 21.

313 *Finkenauer,* in: FS Picker, S. 201, 206.

314 § 320 des Vorentwurfs lautete:
Die Verbindlichkeit des Erben erstreckt sich, wenn die Erbschaft voll zureicht, oder von demselben zur vollen Haftung übernommen ist, auf die Anerkennung der Verfügungen, welche von dem Erblasser unter Lebenden über Gegenstände getroffen sind, die zu dem eigenen Vermögen des Erben gehören, jedoch nicht in weiterem Umfange, als der Erblasser gebunden war.
Für andere Fälle bleibt der Entschädigungsanspruch des dritten Erwerbers als Erbschaftsgläubigers unberührt.

315 *v. Schmitt,* Erbrecht I, S. 61 / 67.

ziehen[316]. Somit konvalesziert eine unwirksame Verfügung nach dem BGB *ipso iure* in dem Moment, in dem der Berechtigte denjenigen, der als Nichtberechtigter verfügt hat, beerbt, sofern der Erbe unbeschränkt haftet.

Die in § 185 Abs. 2 S. 1 Fall 3 BGB kodifizierte Gerechtigkeitsvorstellung ist aber rechtspolitisch bestreitbar[317]. Die Konvaleszenz des Falles 2, in dem der Verfügende den Gegenstand erwirbt, lässt sich mit dem Rechtssatz des *venire contra factum proprium* erklären. Selbstverständlich soll ein nichtberechtigt Verfügender auch dann noch an seine Verfügung gebunden sein, wenn er sie tatsächlich bewirken kann. Der Handelnde darf sich nicht auf ein erwünschtes Unvermögen berufen. Der Fall 3 mutet aber dieselben Rechtswirkungen einem Erben zu, der selbst nicht gehandelt hat. Mit dem Erbfall verliert er unversehens durch Konvaleszenz das Eigentum an einer Sache aus seinem ursprünglichen Vermögen. Der Erbe erbt nach § 185 Abs. 2 S. 1 Fall 3 BGB die Verfügung des Erblassers, so dass ein gegen den Erblasser geltendes *venire contra factum proprium* nun dem Erben entgegengehalten wird. Die Rechtswirkungen des § 185 Abs. 2 S. 1 Fall 3 BGB durchbrechen dadurch den Grundsatz, dass Zufälligkeiten im Erbrecht vermieden werden sollen[318].

In Fällen der subjektiven Unmöglichkeit ist der Leistungsanspruch des Erwerbers nach § 275 Abs. 1 Var. 1 BGB ausgeschlossen. Die Voraussetzungen der subjektiven Unmöglichkeit nach § 275 BGB sind sehr streng. Wer selbst Nichtberechtigter ist, muss den Berechtigten zur Zustimmung bewegen, um dem Käufer das Eigentum zu verschaffen. Liegt aber doch einmal subjektive Unmöglichkeit vor, hat der Käufer nur noch den Sekundäranspruch, einen Schadensersatzanspruch gegen den Verkäufer. So etwa bei einer Stückschuld, wenn der Eigentümer die Sache unter keinen Umständen veräußern will[319]. Dies kommt beispielsweise vor, wenn der Eigentümer ein besonderes Affektionsinteresse[320] an der Sache hat oder wenn er so vermögend ist, dass er sich durch finanzielle Anreize nicht überzeugen lassen wird. In diesen Fällen kann der Nichtberechtigte das Eigentum an der

---

316 Prot. I 1341 bei *Jakobs / Schubert*, Allgemeiner Teil, S. 958; *Finkenauer,* in: FS Picker, S. 201, 208.

317 So auch *Finkenauer,* in: FS Picker, S. 201, 223, der die Gerechtigkeitsvorstellung jedoch teilt.

318 *Wacke,* JZ 2001, S. 380, 384 ff.

319 *Wacke,* SZ 114 (1997), S. 199, 200 f.

320 *Wacke,* SZ 114 (1997), S. 199, 201, Fn. 17.

Sache nicht verschaffen. Wegen subjektiver Unmöglichkeit hat der Käufer nur noch den Sekundäranspruch auf Schadensersatz.

In den Fällen der subjektiven Unmöglichkeit ist die Rechtsfolge des § 185 Abs. 2 S. 1 Fall 3 BGB interessant. Da der Verkäufer nicht leisten kann, kann der Käufer zu dessen Lebzeiten nicht Eigentümer der Sache werden. Dadurch aber, dass der Verkäufer stirbt und vom Berechtigten beerbt wird, wird die Verfügung wirksam und der Käufer wird im Zeitpunkt des Erbfalls Eigentümer. Während der Käufer vor dem Tod nur einen Sekundäranspruch auf Schadensersatz hatte, wandelt sich dieser durch den Tod des Verkäufers in einen Primäranspruch um. Der ursprüngliche Eigentümer, der sein Eigentum an der Sache nicht aufgeben wollte, verliert es durch Konvaleszenz nach § 185 Abs. 2 S. 1 Fall 3 BGB an den Käufer. Diese Rechtsfolge kann der Eigentümer nur verhindern, indem er seine Haftung auf die Erbschaft begrenzt.

Durch § 185 Abs. 2 S. 1 Fall 3 BGB wird somit in die Privatautonomie des Erben eingegriffen[321]. Die Konvaleszenz der bis zum Erbfall unwirksamen Verfügung nimmt dem Erben die Wahlmöglichkeit, durch Übereignung der Sache zu erfüllen oder lediglich Schadensersatz zu leisten. Der Eigentümer mag persönliche Gründe haben, sein Eigentum nicht aufgeben zu wollen. Die Argumentation, das Affektionsinteresse werde im BGB generell nicht berücksichtigt, überzeugt an dieser Stelle nicht. Die Entscheidung, eine unwirksame Verfügung zu genehmigen oder nicht, darf der Eigentümer nach seinen persönlichen Vorlieben treffen, eben auch unter Berücksichtigung seines Affektionsinteresses. Zu genehmigen oder nicht zu genehmigen ist eine Frage der Privatautonomie[322].

Bemerkenswert sind die Rechtswirkungen des § 185 Abs. 2 S. 1 Fall 3 BGB bei einem Eigentumserwerb auch im Vergleich zu den Regeln des gutgläubigen Erwerbs. Die Vorschriften zum gutgläubigen Erwerb bestimmen detailliert, wann der gute Glaube in Verbindung mit einem Rechtsschein einen Eigentumsverlust rechtfertigt. Ist eine Sache abhanden-gekommen, so kann sie gemäß § 935 BGB nicht gutgläubig erworben werden. Dann scheitert der gutgläubige Erwerb, und dem Erwerber bleiben nur die unwirksame Verfügung und ein Ersatzanspruch gegen den Verfügenden.

---

321 *Wacke,* JZ 2001, S. 380, 386.
322 *Wacke,* SZ 114 (1997), S. 199, 201; *ders.,* JZ 2001, S. 380, 386.

Im Fall 3 des § 185 Abs. 2 S. 1 BGB wird jedoch dem Eigentümer durch die Konvaleszenz der Schutz wieder entzogen, der ihm durch die Regeln des gutgläubigen Erwerbs gewährt wurde. Nach den Vorschriften des gutgläubigen Erwerbs kann ein Bösgläubiger offensichtlich nicht erwerben. Der Eigentümer wird ihm gegenüber vor dem Rechtsverlust geschützt. Wenn der Eigentümer aber den Verfügenden beerbt, verliert er sein Eigentum durch Konvaleszenz der aus guten Gründen unwirksamen Verfügung an den bösgläubigen Erwerber[323]. Diese Rechtsfolge ist zwar vom Gesetzgeber bewusst so gewählt[324], sie kann aber aus Gerechtigkeitsgesichtspunkten dennoch verwundern[325]. Es könnte doch genügen, dass der Erbe für die Ersatzpflicht eines wegen Unvermögens gemäß § 275 Abs. 1 Fall 1 BGB nicht zur Primärleistung verpflichteten Erblassers einsteht. Der Erbe sollte dem Gläubiger genau das schulden, was auch der Erblasser ihm geschuldet hat[326]. Wertungsmäßig ist schwer zu verstehen, warum der Gläubiger von dem Tode des von ihm ausgewählten, zur Leistung unfähigen Vertragspartners profitieren sollte. Es scheint nicht konsequent, den Eigentümer nur zu Lebzeiten des Verfügenden vor einem unbilligen Rechtsverlust zu schützen[327]. Teilweise wird angeführt, der Rechtsinhaber sei zwar im Veräußerungszeitpunkt schutzwürdig, die Interessenlage ändere sich aber im Zeitpunkt des Erbfalls[328]. Weil dann keine mangelnde Verfügungsbefugnis mehr erkennbar sei, solle die Verfügung konvaleszieren[329]. Die Tatsache,

---

323 *Hagen,* AcP 167 (1967), S. 481, 492 f.; *Wacke,* SZ 114 (1997), S. 199, 205.

324 Prot. I 1341 bei *Jakobs / Schubert*, Allgemeiner Teil, S. 958.

325 *Hagen,* AcP 167 (1967), S. 481, 492 f.

326 So könnte man auch den Wortlaut des § 320 des Vorentwurfs interpretieren: *„[...] jedoch nicht in weiterem Umfange, als der Erblasser gebunden war.“*

327 Wertungsmäßig unproblematisch ist hingegen die Konvaleszenz nach § 185 Abs. 2 S. 1 Fall 2 BGB: Wenn der nichtberechtigt Verfügende den Gegenstand erwirbt, ist es gerecht, die Verfügung konvaleszieren zu lassen. Schließlich scheiterte der gutgläubige Erwerb daran, dass die Interessen des Eigentümers, sein Eigentum zu behalten, höher eingeschätzt wurden als die Interessen des Erwerbers. Dieser Schutzzweck fällt weg, wenn der Verfügende Eigentümer wird. Das Scheitern des gutgläubigen Erwerbs dient nicht dem Schutz des nichtberechtigt Verfügenden. Er verliert also das Eigentum durch Konvaleszenz an den Erwerber.

328 *Finkenauer,* in: FS Picker, S. 201, 221 f.; *Pletscher,* Genehmigung und Konvaleszenz, S. 139 f.

329 *Finkenauer,* in: FS Picker, S. 201, 221 f.

dass der Erbe die Verfügungsmacht über seine Sache hat, ändert aber nichts an seiner Schutzbedürftigkeit und der allgemeinen Interessenabwägung. Derjenige, der sich einen Vertragspartner aussucht, der nicht in der Lage ist, den Vertrag zu erfüllen, wird nicht schutzbedürftiger dadurch, dass sein Vertragspartner stirbt und zufällig von einer Person beerbt wird, die zur Erfüllung rechtlich in der Lage ist. Es verwundert, dass die Interessen eines bösgläubigen Erwerbers nach dem Erbfall mehr geschützt werden als die des Eigentümers. Durch die Tatsache, dass der Erbe für die Verbindlichkeiten des Erblassers haftet, wird ein Recht aus seinem Eigenvermögen übertragen, das der Erwerber von dem Erblasser selbst nie hätte erlangen können.

Dies lässt den Eindruck entstehen, es werde gegen den Kontinuitätsgrundsatz verstoßen. Ohne den Erbfall hätte der Gläubiger nur einen Sekundäranspruch, aber wegen des Erbfalls wird nun der ursprüngliche Anspruch erfüllt. Für den Erben kann es einen enormen Unterschied machen, ob er sein Eigentum verliert oder lediglich einen Sekundäranspruch auf Schadensersatz befriedigen muss, den auch der Erblasser hätte erfüllen müssen. Der Veräußerer muss grundsätzlich den Vertrag erfüllen, auch wenn er selbst nicht Eigentümer der verkauften Sache ist. Ein Nichtberechtigter muss den Berechtigten zur Zustimmung bewegen, um dem Käufer das Eigentum zu verschaffen. Wenn der Eigentümer seine Zustimmung endgültig verweigert, entfällt der Leistungsanspruch gegen den Verfügenden nach § 275 Abs. 1 S. 1 Var. 1 BGB. Dennoch ordnet § 185 Abs. 2 S. 1 Fall 3 BGB die Konvaleszenz der Verfügung an, falls der Eigentümer den Nichtberechtigten beerbt. Damit führt diese Norm zu Ergebnissen, die bei Weiterleben des Verfügenden nicht erreichbar gewesen wären. Der Sekundäranspruch wandelt sich um in einen Primäranspruch und der Eigentümer verliert sein Eigentum. Der Erwerber wiederum profitiert vom zufälligen Versterben seines unvermögenden Vertragspartners und dem Erben wird die ursprünglich vorhandene Wahlmöglichkeit durch Gesetz genommen.

Der Grundsatz der Kontinuität, nach dem die Rechts- und Pflichtenlage unabhängig von Todesfällen gestaltet werden soll, wird mit § 185 Abs. 2 S. 1 Fall 3 BGB also nicht eingehalten. Dadurch dass der unvermögende Vertragspartner stirbt, erlangt der Gläubiger Erfüllung des Primäranspruchs, und der Erbe verliert sein Recht. Fraglich ist aber, ob die Regelung eine sinnvolle Ausnahme vom Kontinuitätsgrundsatz vorsieht.

Der Erbe erwirbt im Wege der Gesamtrechtsnachfolge die Pflicht des Erblassers, den Eigentumsübergang herbeizuführen. Die Pflicht und die Möglichkeit zur Erfüllung fallen damit in einer Person zusammen. Üblicherweise muss diese Pflicht dann auch erfüllt werden. Es wäre eine Ausnahme erforderlich, wenn der Erbe eine bestimmte Pflicht nicht erfüllen wollte. Der Erbe hat kein Recht darauf, dass die Erbschaft für ihn nur positive Folgen hat. Er kann nicht frei entscheiden, welche Pflichten er erfüllen will und welche nicht. Wenn er eine Pflicht aus der Erbschaft nicht erfüllen möchte, muss er seine Haftung insgesamt begrenzen[330]. Er kann die Rechtsfolgen des § 185 Abs. 2 S. 1 Fall 3 BGB etwa verhindern, indem er Nachlassverwaltung beantragt. Es wäre verfehlt anzunehmen, für eine Nachlassverwaltung fehle es bei solventer Erbschaft am Rechtsschutzbedürfnis. Zum Teil wird angenommen, es genüge für ein Rechtsschutzbedürfnis, dass der Erbe sich die Mühe ersparen will, den Nachlass selbst zu verwalten[331]. Letztlich muss man aber zumindest dann ein Rechtsschutzbedürfnis annehmen, wenn die Befürchtung besteht, es könnten die Rechtswirkungen des § 185 Abs. 2 S. 1 Fall 3 BGB bejaht werden[332].

Ähnliche Rechtsfolgen wie die des § 185 Abs. 2 S. 1 Fall 3 BGB können auch durch Auflagen des Erblassers entstehen. Der Erblasser kann testamentarisch bestimmen, dass der Erbe die Erbschaft nur unter der Auflage erhält, sein Eigentum an einer ihm gehörenden Sache aufzugeben. Wenn der Erblasser stattdessen direkt über eine Sache des Erben verfügt, ist der Erbe nicht schutzwürdiger. So verliert er durch die Konvaleszenz eventuell den Schutz, den ihm die Gutglaubensvorschriften als Eigentümer zugestanden haben, indem sie einen gutgläubigen Erwerb scheitern ließen. Dies resultiert aber nicht aus einer unbilligen, den Gutglaubenserwägungen widersprechenden Regelung, sondern aus der Verantwortung des Erben für die Handlungen des Erblassers.

Die Konfusion des § 185 Abs. 2 S. 1 Fall 3 BGB ist somit eine legitime Ausnahme vom Kontinuitätsgrundsatz. Danach sind durch den Erbfall Rechtsfolgen möglich, die zu Lebzeiten des Erblassers nicht eintreten könnten.

---

330 *Harder,* in: Rechtsgeschichte und Privatrechtsdogmatik, S. 637, 646.
331 *Finkenauer,* in: FS Picker, S. 201, 203.
332 A. A. *Wacke,* JZ 2001, S. 380, 386.

3. Gutgläubig erworbene Vormerkungen

a) Der Vorgemerkte als Erbe

Der BGH hat in einem Urteil vom 30.4.1980 angenommen, eine Vormerkung sei durch Konfusion erloschen, obwohl sie weiterhin Schutzwirkungen für den Vormerkungsinhaber hatte[333]:

Sachverhalt: Die Klägerin kaufte ein Grundstück und erwarb von der Bucheigentümerin gutgläubig eine Vormerkung. Zu Gunsten der Klägerin wurde die Auflassung erklärt, und sie stellte einen Antrag auf Eigentumsumschreibung. Der Beklagte erfuhr danach von seinem Eigentum und ließ das Grundbuch berichtigen. Die Klägerin nahm ihren Antrag auf Eigentumsumschreibung zurück. Nun starb die Verkäuferin, die vorherige Bucheigentümerin. Die Klägerin ist ihre Alleinerbin.

Der BGH entschied, die Vormerkung sei durch Konfusion untergegangen. Der Auflassungsanspruch erlösche durch den Zusammenfall von Gläubiger und Schuldner. Daher könne auch die diesen Anspruch sichernde akzessorische Vormerkung nicht weiter bestehen.

Diese Entscheidung kann aus verschiedenen Gründen kritisiert werden. Die Konfusion bei Zusammenfall von Gläubiger und Schuldner ist keine zwingende Rechtsfolge[334]. Das Erlöschen eines Schuldverhältnisses, wenn Schuldner und Gläubiger zusammenfallen, ist zwar generell sinnvoll. Anderenfalls würde es *pro forma* weiter bestehen, ohne einen Zweck zu erfüllen. Grundsätzlich ist es also im Sinne der Rechtsklarheit vernünftig, eine Konfusion anzunehmen. Eine Konfusion sollte aber nicht zu einer tatsächlichen Änderung der Rechtslage führen. Sie sollte nur unnötige Rechtsverhältnisse bereinigen. Immer wenn ein Rechtsverhältnis noch Außenwirkungen entfalten kann, obwohl Gläubiger und Schuldner ein und dieselbe Person sind, sollte die Konfusion abgelehnt werden. Nahezu unstrittig ist dies, wenn Rechte Dritter betroffen sind[335]. Aber auch Rechte des Gläubigers und Schuldners selbst gegenüber Dritten sollten durch Konfusion nicht er-

333 BGH Urteil vom 30.4.1980 – V ZR 56 / 79, NJW 1981, S. 447–448.

334 *Gebauer / Haubold*, JZ 2000, S. 680, 681; *Kollhosser / Jansen*, JA 1988, S. 305, 309; *Wieling*, JR 2001, S. 147, 150.

335 BGH, NJW 1981, S. 447, 448; *Gebauer / Haubold*, JZ 2000, S. 680, 681.

löschen dürfen. Es ist nicht ersichtlich, warum jemand Rechte gegen Dritte verlieren sollte, wenn er sein eigener Schuldner wird. Dies ist aber im vorliegenden Fall geschehen. Ohne die Konfusion blieben der Auflassungsanspruch und damit auch die dazu akzessorische Vormerkung der Käuferin bestehen. Diese Vormerkung ginge dem inzwischen eingetragenen Eigentum des Beklagten vor. Die Vormerkungsinhaberin könnte ihren gesicherten Anspruch auf Eintragung des Eigentums gegen den Eigentümer, den Beklagten, durchsetzen. Denn die Vormerkung wirkt auch gegenüber dem wahren Eigentümer[336]. Die Grundbuchberichtigung ist zwar keine Verfügung i. S. d. § 888 BGB[337], sie steht aber einer vormerkungswidrigen Verfügung gleich. In analoger Anwendung des § 888 BGB ist die Grundbuchberichtigung dem vorgemerkten Erwerber gegenüber also relativ unwirksam. Durch die vom BGH angenommene Konfusion verliert die Klägerin mit der Vormerkung auch den Anspruch auf Eintragung.

Des Weiteren ist das Urteil des BGH mit dem Schutzzweck der Vormerkung unvereinbar. Die Vormerkung soll den Zeitpunkt des Erwerbsschutzes vorverlagern[338]. Da die Eintragung des Eigentums ins Grundbuch einige Zeit in Anspruch nimmt, soll der Käufer schon vorher geschützt sein. Die spätere Eintragung und damit der Eigentumserwerb eines Vorgemerkten stehen aber normalerweise fest. Auch eine spätere Bösgläubigkeit des Vorgemerkten kann den Eigentumserwerb nicht mehr verhindern[339]. Er und seine Gläubiger können sich ab Eintragung der Vormerkung auf das zukünftige Eigentum verlassen. Wenn der Eigentumserwerb aber dadurch verhindert werden kann, dass der Verkäufer vor der Eigentumsumschreibung stirbt, dann ist der Vormerkungsschutz nicht mehr umfassend[340].

Außerdem sind an der BGH-Entscheidung die Auswirkungen auf die Rechtssicherheit und Kontinuität zu kritisieren. Der V. Zivilsenat entschied gegen den erbrechtlichen Leitgedanken, durch Todeszeitpunkt und Vorversterben verursachte Zufälligkeiten zu vermeiden[341]. Die vom BGH

---

336 *Wacke,* NJW 1981, S. 1577 f.
337 *Wacke,* NJW 1981, S. 1577, 1578.
338 *Baur / Stürner,* Sachenrecht, § 20 Rn. 3.
339 *Baur / Stürner,* Sachenrecht, § 20 Rn. 66.
340 *Wacke,* NJW 1981, S. 1577, 1578.
341 *Wacke,* JZ 2001, S. 380, 384 f.; *Wacke,* DNotZ 2001, S. 302, 316.

angenommenen Rechtsfolgen konnten nur durch das zufällige Versterben der Bucheigentümerin in einem bestimmten, kurzen Zeitfenster entstehen. Zufällig starb die Verkäuferin vor Eintragung des Käufers als Eigentümer. Nach der Lösung des BGH erlischt deshalb die Vormerkung des Käufers, und der Beklagte behält das Eigentum. Wäre die Verkäuferin nach der Eintragung verstorben, hätte der Beklagte sich nicht gegen den Eigentumsverlust wehren können[342]. Es ist aber nicht nachvollziehbar, warum der Kläger seine Vormerkung dadurch verliert, dass er die Verkäuferin beerbt, insbesondere nicht dadurch, dass er sie zu einem bestimmten Zeitpunkt beerbt. Die Rechtslage mit dem Erbfall sollte sich nicht so drastisch von der Rechtslage ohne Erbfall unterscheiden. Das zufällige Versterben der Verkäuferin vor der Eintragung des Käufers bestimmt laut BGH den Verbleib des Eigentums. Um die Eigentumslage an einem Grundstück zu klären, muss also womöglich eine Beweisaufnahme zur Feststellung des exakten Todeszeitpunktes gemacht werden. Wenn der Verkäufer am Tag der Eintragung ins Grundbuch starb, ist entscheidungsrelevant, ob die Eintragung noch vor dem Tod abgeschlossen erfolgt ist. Dabei ist der Eigentümer nicht schutzwürdig. Er hätte sein Eigentum an den gutgläubig Vorgemerkten verloren. Es ist nicht ersichtlich, warum er von dem Tod der Verkäuferin vor der Eintragung profitieren sollte, wenn er nach den Regeln des gutgläubigen Erwerbs sein Eigentum bei Weiterleben des Veräußerers bis zur Eintragung unstreitig verliert.

Der vorgemerkte Anspruch darf daher nicht durch Konfusion erlöschen. Der Vorgemerkte muss seine Vormerkung behalten und als Eigentümer eingetragen werden.

b) Der Veräußerer als Erbe

Denkbar ist auch der zum Sachverhalt des Urteils vom 30.4.1980[343] umgekehrt gelagerte Fall, der ebenfalls zu einer Konfusionslage führt:

Sachverhalt: Nachdem die Käuferin von der Verkäuferin, der Bucheigentümerin, gutgläubig eine Vormerkung erworben hat, wird das Grundbuch

342 *Wacke*, NJW 1981, S. 1577, 1578.

343 BGH Urteil vom 30.4.1980 – V ZR 56 / 79, NJW 1981, S. 447–448, siehe soeben.

vom Eigentümer berichtigt. Nun stirbt die Käuferin und wird von der Verkäuferin beerbt.

Durch den Tod des Vorgemerkten fällt der gesicherte Anspruch an den Verkäufer. Auch hier fallen die Erfüllungspflicht des Verkäufers und der ererbte Anspruch in einer Person zusammen. Konfusion darf aber nicht eintreten, wenn der Anspruch noch Rechtswirkungen entfaltet. Wie gezeigt[344], geht die früher eingetragene Vormerkung der späteren Grundbuchberichtigung vor. Die Erbin erwirbt also das Eigentum an dem Grundstück, wenn die Vormerkung bestehen bleibt.

Wenn der gutgläubig Vorgemerkte vom nichtberechtigt Verfügenden beerbt wird, lässt sich die Rechtslage mit derjenigen beim Rückerwerb vom gutgläubigen Erwerber[345] vergleichen: Der Verfügende erlangt dadurch, dass er als Nichtberechtigter verfügt, über den Umweg des gutgläubigen Erwerbs eines anderen das Eigentum. Dieses Ergebnis ist nach den Regeln des gutgläubigen Erwerbs eindeutig. Der gutgläubige Erwerber wird unbestrittener Eigentümer. Somit kann er dieses Eigentum auf andere übertragen, auch auf den Nichtberechtigten, der ihm das Eigentum verschafft hat. Aus Billigkeitsgründen wird dieses Ergebnis von der Literatur teilweise angegriffen[346]. Insbesondere in zwei Fallkonstellationen soll das Ergebnis regelmäßig korrigiert werden, so dass das Eigentum wieder an den ursprünglichen Eigentümer zurückfällt: zum einen, wenn der Nichtberechtigte die Verfügung gerade zu dem Zweck getroffen hat, einem Dritten gutgläubig das Eigentum zu verschaffen, um es dann selbst für sich zu erwerben[347]; zum anderen, wenn der Rückerwerb des Nichtberechtigten lediglich aus einer Rückabwicklung eines Vertragsverhältnisses folgt[348]. Dann soll das Eigentum in die vor dem gutgläubigen Erwerb bestehende Position zurückfallen, nämlich an den ursprünglichen Eigentümer. Im Erbfall ist aber keiner

344 Siehe oben § 4 IV 3 a.

345 *Brehm / Berger,* Sachenrecht, Rn. 89, S. 433 f.; *Medicus / Petersen,* Bürgerliches Recht, Rn. 540 ff.

346 *Baur / Stürner,* Sachenrecht, § 52, Rn. 34; *Wiegand,* JuS 1971, 62 ff.; *Wieling,* Sachenrecht, § 10 VI 2.

347 *Pikart,* in: BGB-RGRK, § 932 Rn. 35; *Tiedtke,* Gutgläubiger Erwerb, S. 48; *Wieling,* Sachenrecht, § 10 VI 2 c.

348 *Baur / Stürner,* Sachenrecht, § 52, Rn. 34; *Tiedtke,* Gutgläubiger Erwerb, S. 48 f.; *Wieling,* Sachenrecht, § 10 VI 2 c.

dieser Ausnahmefälle erfüllt. Wenn der Nichtberechtigte den gutgläubigen Erwerber beerbt, erlangt er durch die Erbschaft das Eigentum.

Dementsprechend muss auch eine gutgläubig erworbene Vormerkung auf den Erben übergehen. Der gutgläubige Erwerb an einem Grundstück verlangt Gutgläubigkeit im Zeitpunkt der Eintragung der Vormerkung. Falls der Erwerber danach, aber vor dem Eigentumserwerb bösgläubig wird, verhindert dies nicht seinen Eigentumserwerb[349]. Mit Übergang der Vormerkung im Wege der Universalsukzession erwirbt die Verkäuferin das Recht des Erblassers, der Käuferin, auf diesen Erwerb.

Gegen dieses Ergebnis kann auch nicht mit der Wertung des § 185 Abs. 2 S. 1 Fall 2 BGB argumentiert werden. Die Norm statuiert die Konvaleszenz unwirksamer Verfügungen Nichtberechtigter entsprechend dem Rechtssatz *venire contra factum proprium*. Die Erbin hat aber dem wahren Eigentümer gegenüber keine Verfügung getroffen, an die sie gebunden sein könnte. Somit liegt keine Verfügung vor, die nach § 185 Abs. 2 S. 1 Fall 2 BGB wirksam werden könnte.

Die Erbin wird also Vormerkungsinhaberin und kann damit das Eigentum erhalten. Bei einem anderen Ergebnis würde der zufällige Todeszeitpunkt die Rechtslage bestimmen. Es wäre unbillig, wenn der ursprüngliche Eigentümer allein deshalb sein Eigentum behielte, weil der Vorgemerkte vor Eintragung seines Eigentumserwerbs stirbt. Der Eigentümer würde dann aufgrund des zufälligen Todes des besser berechtigten Vormerkungsinhabers bevorzugt.

4. Vormerkungswidrige Verfügungen

Die Frage, ob eine Konfusionslage zum Erlöschen eines vorgemerkten Anspruchs führt, stellt sich auch bei vormerkungswidrigen Verfügungen.

Grundfall: Der Grundstückseigentümer bestellt eine Vormerkung und trifft danach eine vormerkungswidrige Verfügung.

Die später erfolgte Verfügung ist dem Vormerkungsberechtigten gegenüber nach § 883 Abs. 2 BGB relativ unwirksam. Der Begünstigte der zweiten Verfügung hat aus seinem Vertrag mit dem Eigentümer einen schuldrecht-

349 *Baur / Stürner*, Sachenrecht, § 20 Rn. 66.

lichen Anspruch auf eine wirksame Verfügung. Falls es dem Eigentümer nicht möglich ist, vom Vormerkungsberechtigten die Zustimmung zur zweiten Verfügung zu erlangen, hat der Begünstigte der relativ unwirksamen Verfügung wegen subjektiver Unmöglichkeit gemäß § 275 Abs. 1 Var. 1 BGB einen Sekundäranspruch auf Schadensersatz. Wenn aber der Vormerkungsberechtigte den Grundstückseigentümer beerbt oder umgekehrt der Eigentümer den Vormerkungsberechtigten, ist problematisch, welche Verfügung sich durchsetzt.

a) Im Allgemeinen

aa) Der Vorgemerkte als Erbe

Beispiel: Der Grundstückseigentümer bestellt zunächst eine Auflassungsvormerkung für seinen Neffen und trifft sodann eine Auflassungsvormerkung für einen weiteren Käufer. Danach stirbt er und wird von seinem Neffen beerbt.

Ein Erlöschen durch Konfusion sollte mit den oben bei dem Fall unter § 4 IV 3 a bereits genannten Argumenten verneint werden[350]. Zwar fallen Gläubiger und Schuldner des vorgemerkten Anspruchs mit dem Erbfall zusammen. Die Vormerkung erfüllt aber weiterhin einen Zweck. Sie setzt sich gegen die zwischenzeitliche Verfügung durch. Würde man die Vormerkung durch Konfusion erlöschen lassen, dann würde die vormerkungswidrige Verfügung wirksam. Daher erlischt die Vormerkung trotz Zusammenfallen von Gläubiger und Schuldner nicht.

Im vorliegenden Beispiel muss aber diskutiert werden, ob das Ergebnis gemäß der Wertung des § 185 Abs. 2 S. 1 Fall 3 BGB korrigiert werden muss[351]. Die Erfüllungspflicht, die der Erblasser hinsichtlich der vormerkungswidrigen Verfügung hatte, trifft durch den Erbfall mit der rechtlichen Möglichkeit des Erben zu erfüllen zusammen. Ohne den Erbfall wäre die vormerkungswidrige Verfügung gemäß § 883 BGB dem Vorgemerkten gegenüber relativ unwirksam. Wenn der Vorgemerkte aber den Verfügenden beerbt, würde bei analoger Anwendung des § 185 Abs. 2 S. 1 Fall 3 BGB

350 Entgegen *Gursky,* in: Staudinger, § 886 Rn. 18, der ein Erlöschen durch Konvaleszenz annimmt, sofern nicht Rechte Dritter betroffen sind.

351 *Gursky,* in: Staudinger, § 185 Rn. 95; *Wacke,* NJW 1981, S. 1577, 1580.

diese relative Unwirksamkeit aufgehoben; die vormerkungswidrige Verfügung würde konvaleszieren.

Teilweise wird diese analoge Anwendung des § 185 Abs. 2 S. 1 Fall 3 BGB mit der Begründung abgelehnt, der Dritterwerber habe nur einen Ersatzanspruch gegen den Nachlass[352]. Dieser Anspruch auf Beseitigung der ranghöheren Vormerkung könne aus dem Nachlass nicht mehr erfüllt werden. Die Möglichkeit, über das Grundstück zu verfügen, habe der Eigentümer durch die erste Vormerkung verloren; das Erblasservermögen und das Erbenvermögen blieben auch nach dem Erbfall zwei ideell getrennte Vermögensmassen[353]. Dem steht aber die gesetzliche Konzeption der Gesamtrechtsnachfolge entgegen. Ein Erbe haftet zunächst unbeschränkt und hat lediglich die Möglichkeit, seine Haftung auf das Erblasservermögen zu beschränken. Daher handelt es sich eben nicht um zwei getrennte Vermögensmassen. Der Erbe haftet auch mit seinem Eigenvermögen.

Fraglich ist aber weiter, ob sich ein Sekundäranspruch in einen Primäranspruch zurückverwandelt, wenn dieser durch die zusätzliche Haftungsmasse des Erbenvermögens erfüllbar wird[354]. Die gesetzliche Regelung des § 185 Abs. 2 S. 1 Fall 3 BGB spricht dafür. Dadurch, dass mit der Erbschaft zu der rechtlichen Möglichkeit der Erfüllung beim Erben die Erfüllungspflicht des Erblassers hinzukommt, soll die Verfügung nach Fall 3 konvaleszieren. Obwohl der Erwerber gegen den Verkäufer wegen Unvermögen nach § 275 BGB nur einen Sekundäranspruch hat[355], wird durch die Konvaleszenz der unwirksamen Verfügung der Primäranspruch erfüllt.

Es ist aber fraglich, ob eine solche analoge Anwendung des § 185 Abs. 2 S. 1 Fall 3 BGB angebracht ist. Eine Analogie bedarf einer planwidrigen

---

352 *Wacke,* NJW 1981, S. 1577, 1580.

353 *Wacke,* NJW 1981, S. 1577, 1580.

354 Dagegen: *Lüke,* DNotZ 2001, S. 59, 62; *Wacke,* NJW 1981, S. 1577, 1580.

355 Mit Eintragung der ersten Auflassungsvormerkung hat der Eigentümer die Möglichkeit verloren, über das Grundstück zu verfügen. Gemäß § 275 Abs. 1 Fall 1 BGB ist die Übereignung für den Schuldner damit unmöglich. Grundsätzlich ist der Verkäufer verpflichtet, den Berechtigten zur Zustimmung zu der Eigentumsübertragung zu bewegen. Falls der Verfügungsberechtigte aber gar nicht oder nur für eine nach § 275 Abs. 2 BGB unverhältnismäßige Entschädigung bereit ist zuzustimmen, wird der Verkäufer wegen Unvermögens von der Primärleistungspflicht befreit und der Gläubiger kann vom Verkäufer lediglich Schadensersatz verlangen.

Regelungslücke und einer Vergleichbarkeit der Fälle. Wenn der Eigentümer nach Eintragung der Vormerkung eine vormerkungswidrige Verfügung trifft, ist er dabei kein Nichtberechtigter. Der Eigentümer bleibt bis zum Eigentumsübergang Berechtigter, auch wenn er nicht mehr absolut wirksam verfügen kann. Jede weitere Verfügung ist dem Vorgemerkten gegenüber gemäß § 883 Abs. 2 BGB relativ unwirksam. Allen anderen gegenüber handelt es sich jedoch um eine wirksame Verfügung. Daneben ist der Vorgemerkte noch kein Berechtigter i. S. d. § 185 Abs. 2 BGB, vielmehr ist lediglich sein Rechtserwerb durch die §§ 883, 888 BGB geschützt.

Der Fall einer vormerkungswidrigen Verfügung des Erblassers ist insoweit mit der Verfügung eines Nichtberechtigten vergleichbar, als in beiden Fällen eine nicht realisierbare Verfügung vorgenommen wird. Der Vorgemerkte könnte die Verfügung analog § 185 Abs. 2 S. 1 Fall 1 BGB genehmigen und damit auf seine Rechte aus den §§ 883, 888 BGB verzichten[356]. Im Fall des § 185 Abs. 2 S. 1 Fall 3 BGB soll die Verfügung wirksam werden, wenn der Verfügende vom Berechtigten beerbt wird. Zwar nimmt die analoge Anwendung des § 185 Abs. 2 S. 1 Fall 3 BGB dem Erben sein vorgemerktes Recht. Im Beispiel verliert er durch die Erbschaft die Möglichkeit, dauerhaftes Eigentum zu erlangen. Er wird zwar kurzzeitig als Erbe Eigentümer. Dieses ererbte Eigentum verliert er aber an den später Vorgemerkten, dessen Vormerkung bis zum Erbfall relativ unwirksam war. Genauso verliert ein Erbe in den in § 185 Abs. 2 S. 1 Fall 3 BGB geregelten Sachverhalten etwas aus seinem Vermögen. Da er Berechtigter im Hinblich auf die vom Erblasser als Nichtberechtigtem getroffene Verfügung ist, verliert der Erbe das Recht, über das verfügt wurde. Bei der vormerkungswidrigen Verfügung verliert der Erbe also ebenso wie bei der nach § 185 Abs. 2 S. 1 Fall 3 BGB geheilten Verfügung ein Recht, das ihm vor dem Erbfall zustand.

Bei analoger Anwendung des § 185 Abs. 2 S. 1 Fall 3 BGB müsste man also ein Erlöschen der ranghöheren Vormerkung annehmen. Dies ist im Rahmen des § 185 Abs. 2 S. 1 Fall 3 BGB nicht selbstverständlich. Auch wenn ein Eigentümer nicht die Konvaleszenz einer geerbten Verfügung über

356 *Gursky*, in: Staudinger, § 185 Rn. 95.

seine Sache verhindern kann, kann dies eventuell doch ein Vormerkungsinhaber[357], denn die Vormerkung ist grundsätzlich das stärkere Recht als das Eigentum[358].

Interessant ist auch die Frage, wie der Fall zu entscheiden ist, wenn der Tod des Veräußerers erst nach Eintragung des Eigentums des Ersterwerbers eintritt. Dann wäre der Vormerkungsberechtigte bereits im Zeitpunkt des Erbfalls Eigentümer des Grundstücks. Er hätte aber ebenfalls die Verpflichtung des Erblassers gegenüber dem Zweiterwerber geerbt, das Eigentum an dem Grundstück zu verschaffen. Auch in diesem Fall muss man erwägen, die vormerkungswidrige Verfügung analog § 185 Abs. 2 S. 1 Fall 3 BGB konvaleszieren zu lassen. Eine direkte Anwendung scheidet aus, wenn man davon ausgeht, dass der Eigentümer im Zeitpunkt der Verfügung kein Nichtberechtigter war. Abgesehen davon unterscheidet sich die Rechtslage aber kaum noch von den üblichen Fällen des § 185 Abs. 2 BGB. Im Zeitpunkt des Erbfalls wäre der Erbe bereits Eigentümer des Grundstücks. Er könnte analog § 185 Abs. 2 S. 1 Fall 3 BGB also nun die relativ unwirksame Verfügung sowie die Vertragspflichten des Verkäufers erben. Dem könnte aber wiederum die Vormerkung des Erben entgegenstehen. Zwar hat er das Eigentum durch den Erbfall erworben, für den Rechtserwerb ist die Auflassungsvormerkung somit nun nutzlos. Sie könnte ihm aber dennoch den Rechtsbehalt sichern. Diese Auflassungsvormerkung hätte ihm den Erwerb des Eigentums ermöglicht, wenn der Drittkäufer zu Lebzeiten des Veräußerers eingetragen worden wäre. Im oben genannten Beispielsfall hätte der Neffe nach den §§ 883, 888 BGB Zustimmung zu seiner Eintragung und Löschung der Eigentumseintragung des Drittkäufers verlangen können. Diese Wirkung der Vormerkung erlischt nicht dadurch, dass der Neffe das Eigentum zusätzlich durch Erbfall erhält. Die vorrangige Vormerkung schützt den Erben vor einem Verlust seines Eigentums nach § 185 Abs. 2 S. 1 Fall 3 BGB[359].

Die Fälle einer vormerkungswidrigen Verfügung müssen gleich behandelt werden, unabhängig davon, ob im Zeitpunkt des Erbfalls das gesicherte Recht des erstrangig Vorgemerkten bereits eingetragen ist oder nicht. Es

357 *Wieling,* JR 2001, S. 147, 151.
358 *Wacke,* DNotZ 2001, S. 302, 308; *Wieling,* JR 2001, S. 147, 151.
359 *Wieling,* JR 2001, S. 147, 150.

wäre paradox, dem Erben sein Eigentumsrecht zu belassen, wenn er im Erbfall noch als Vormerkungsinhaber eingetragen ist, es ihm aber zu nehmen, wenn das vorgemerkte Recht bereits eingetragen wurde und er „nur" noch Eigentümer ist. Der Inhaber einer Vormerkung kann sich daher von einer ererbten, nachrangig eingetragenen Verpflichtung befreien[360]. Vormerkungswidrige Verfügungen werden somit nicht nach § 185 Abs. 2 S. 1 Fall 3 BGB wirksam, wenn der vorrangig Vormerkungsberechtigte den Verfügenden beerbt.

bb) Der Verfügende als Erbe

Im dem zum obigen Beispiel[361] umgekehrten Fall beerbt nach einer vormerkungswidrigen Verfügung der Verfügende den Vorgemerkten.

Beispiel: Der Grundstückseigentümer bestellt zunächst eine Auflassungsvormerkung für seinen Neffen und sodann eine Auflassungsvormerkung für einen weiteren Käufer. Danach stirbt der Neffe und wird von dem Eigentümer beerbt.

Der Verkäufer ist als Eigentümer wiederum kein Nichtberechtigter im eigentlichen Sinne des § 185 BGB. Die vormerkungswidrige Verfügung könnte aber analog § 185 Abs. 2 S. 1 Fall 2 BGB konvaleszieren. Die Situation, in der dem Eigentümer wegen einer vorgemerkten früheren Verfügung nunmehr die Möglichkeit zur wirksamen Verfügung fehlt, ist mit der in § 185 BGB geregelten Verfügung eines Nichtberechtigten vergleichbar.

Gegen die analoge Anwendung § 185 Abs. 2 S. 1 Fall 2 BGB wird teilweise angeführt, der vorgemerkte Anspruch müsse den Gläubigern des Verstorbenen noch als Haftungsgegenstand zur Verfügung stehen[362]. Dem ist jedoch entgegenzuhalten, dass die Vermögen von Erblasser und Erbe im Zeitpunkt des Erbfalls miteinander verschmelzen. Der Erbe haftet, sofern seine Haftung nicht beschränkt wird, den Gläubigern des Erblassers auch mit seinem eigenen Vermögen. Erst bei Nachlassverwaltung oder Nachlasskonkurs werden die Vermögen von Erblasser und Erbe getrennt betrachtet.

---

360 *Wieling,* JR 2001, S. 147, 151.

361 § 4 IV 4 a aa.

362 *Wacke,* NJW 1981, S. 1577, 1581.

Dann kann ein Nachlassverwalter die Erfüllung nach den §§ 883 Abs. 2, 888 BGB erzwingen[363], ebenso wie der Verstorbene den Anspruch hätte durchsetzen können. Die mit dem Erbfall eingetretene Konvaleszenz nach § 185 Abs. 2 S. 1 Fall 2 BGB entfällt mit der Trennung der Vermögensmassen. Wenn die Erbschaft wieder vom Vermögen des Erben getrennt wird, um die Erbschaftsgläubiger zu befriedigen, fehlt schließlich die Voraussetzung des Erwerbs des Gegenstands nach § 185 Abs. 2 S. 1 Fall 2 BGB. Der Verkäufer haftet dem Dritten dann wieder nur auf Geldersatz, weil die vormerkungswidrige Verfügung unwirksam ist.

Dennoch ist die Regelung des § 185 Abs. 2 S. 1 Fall 2 BGB interessengerecht, sofern der verfügende Erbe die Vormerkung erworben hat. Als Verfügender ist er an seine Verfügung gebunden. Er kann sich nicht darauf berufen, er habe eine Vormerkung geerbt, die die Wirksamkeit seiner Verfügung hindert. Damit verstieße er gegen den in § 185 BGB normierten Rechtsgedanken des *venire contra factum proprium*, nach dem er sich an seiner getroffenen Verfügung festhalten lassen muss. Dieses Ergebnis hängt auch nicht von dem zufälligen Zeitpunkt des Todes des vorkaufsberechtigten Erwerbers ab. Unabhängig davon, ob der Erbfall vor oder nach Eintragung des Eigentums eintritt, ist der Erbe als Veräußerer an seine Verfügung gegenüber dem Dritten gebunden.

b) Verfügungen entgegen einem Vorkaufsrecht

Es kann zu problematischen Konfusionslagen kommen, wenn ein Vorkaufsberechtigter oder der Grundstückseigentümer vor Ausübung des Vorkaufsrechts zu Tode kommt. Die Fälle, in denen ein Vorkaufsberechtigter Erbe des Grundstückseigentümers wird oder umgekehrt der Eigentümer den Vorkaufsberechtigten beerbt, werden kontrovers diskutiert.

aa) Der Vorkaufsberechtigte als Erbe

Verkauft der Eigentümer sein Grundstück, für das ein Vorkaufsrecht eingetragen ist, kann der Vorkaufsberechtigte den Erwerb des Käufers verhindern und selbst in den Vertrag eintreten. Der Vorkaufsberechtigte wird also

363 *Wacke*, NJW 1981, S. 1577, 1581.

neuer Eigentümer, der ursprüngliche Käufer hat allenfalls einen Schadensersatzanspruch gegen den Verkäufer.

Der Fall kann aber anders liegen, wenn der Vorkaufsberechtigte zugleich Erbe des Veräußerers ist. Der BGH hatte einen solchen Fall zu entscheiden, in dem die Verkäuferin starb, bevor der Vorkaufsberechtigte sein Vorkaufsrecht geltend gemacht hatte[364].

BGH-Urteil vom 3.12.1999: Die Parteien verlangten wechselseitig die Bewilligung der Löschung von Grundbucheintragungen. Die Erblasserin hatte dem Beklagten, ihrem Neffen, mit notariell beurkundetem Vertrag vom 16.12.1979 ein schuldrechtliches Vorkaufsrecht an einem Grundstück zu einem festen Kaufpreis von 200.000 DM eingeräumt. Dadurch sollte ihm der spätere Erwerb dieses Grundstücks gesichert und seine Rechtsstellung als künftiger Erbe der Eigentümerin gestärkt werden. Am 15.1.1980 wurde für den Beklagten im Grundbuch eine „Vormerkung zur Sicherung des bedingten Anspruchs auf Auflassung…“[365] eingetragen.
Mit notarieller Urkunde vom 18.4.1996 bot die Erblasserin den Klägern das Grundstück zum Preis von 300.000 DM zum Kauf an. Das Angebot war befristet bis zum 31.12.1996. Die Erblasserin verstarb am 19.9.1996. Der Beklagte ist ihr Alleinerbe. Nach dem Tod der Verkäuferin erklärten die Kläger durch notarielle Urkunde vom 17.12.1996 die Annahme des Kaufvertrags. Es wurde für die Kläger eine Auflassungsvormerkung eingetragen. Daraufhin erklärte der Beklagte am 17.1.1997 mit gleichlautendem Schreiben an den Notar und die Kläger, dass er sein Vorkaufsrecht ausübe. Am 21.1.1997 wurde er als Erbe der Verkäuferin als Eigentümer im Grundbuch eingetragen.

Die Kläger waren der Ansicht, das schuldrechtliche Vorkaufsrecht des Beklagten sei durch Konfusion erloschen. Dadurch sei auch die akzessorische Vormerkung erloschen. Der Beklagte verlangte widerklagend die Löschung der zu Gunsten der Kläger eingetragenen Vormerkung.

Das LG hat der Klage stattgegeben und die Widerklage abgewiesen. Das OLG Schleswig hat die Klage abgewiesen und der Widerklage statt-

---

364 BGH, Urteil vom 3.12.1999, JZ 2000, S. 679–680.
365 BGH, JZ 2000, S. 679, 680.

gegeben[366]. Der BGH hob das Urteil auf und verwies den Fall an das OLG zurück.

Das OLG Schleswig nahm in diesem Fall grundsätzlich eine Konfusionslage an. Es ging aber, wie auch hier vertreten[367], davon aus, dass eine Vormerkung nur dann durch Konfusion erlöschen darf, wenn dadurch ihr Sicherungszweck vollständig erledigt ist[368]. Der Beklagte hat bereits als Erbe das Eigentum an dem Grundstück erlangt. Die Vormerkung wirkt aber weiter dahingehend, dass er sein Eigentum nicht verliert[369]. Denn bei Löschung seiner Vormerkung würden die Kläger gemäß ihrer Vormerkung Eigentümer. Solange der Beklagte ohne seine Vormerkung sein Eigentum verlieren würde, ist der Sicherungszweck der Vormerkung noch nicht erledigt. In ausführlicher Auseinandersetzung mit den unterschiedlichen Interessen stellte das OLG fest, dass dem Beklagten aus der Erbschaft kein Rechtsverlust zugemutet werden sollte. Ein Gläubiger des Erblassers dürfe nicht dadurch benachteiligt werden, dass er seinen Schuldner beerbt. Eine Konfusion, die dem Erben ein Recht nimmt, sei daher abzulehnen.

Der BGH führt zunächst aus, dass gar keine Konfusionslage vorliege[370]. Durch die Vormerkung sei nicht das Vorkaufsrecht an sich abgesichert, sondern lediglich ein eventuell durch Ausübung des Vorkaufsrechts nach § 505 BGB entstehender Anspruch. Weil der Auflassungsanspruch nur künftig oder bedingt gewesen sei, habe dem Beklagten noch kein Anspruch zugestanden. Es habe durch den Erbfall damit nicht zu einer Konfusion kommen können, bei der ein Anspruch hätte erlöschen können. Der BGH geht also davon aus, ein bedingter Anspruch sei noch kein Anspruch, sondern entstehe erst mit Eintritt der Bedingung. Man kann aber auch der Ansicht sein, ein bedingter Anspruch sei bereits ein Anspruch, er stehe lediglich unter einer Bedingung[371]. Dann könnten dieser

366 OLG Schleswig, Urteil vom 28.7.1998–6 U 14 / 98, NJW-RR 1999, S. 1528–1530.

367 Siehe oben § 4 IV 3 a.

368 OLG Schleswig, NJW-RR 1999, S. 1528, 1529.

369 OLG Schleswig, NJW-RR 1999, S. 1528, 1529; zustimmend *Wieling*, JR 2001, S. 147, 150.

370 BGH, JZ 2000, S. 679.

371 *Wieling*, JR 2001, S. 147, 149.

bedingte Anspruch und die Erfüllungspflicht in einer Person zusammentreffen, und es wäre eine Konfusionslage gegeben. Die Entscheidung, ob sie zum Erlöschen des Rechtsverhältnisses führt, müsste dann nach den oben festgestellten Wertungen entschieden werden[372]. Der BGH lehnt aber mit seiner rein begrifflichen Begründung bereits die Konfusionslage ab. Daher kommt er nicht dazu, sich mit den eigentlichen Problemen des Falls auseinanderzusetzen[373].

Der BGH nimmt weiter an, der Erbe könne nach dem Erbfall das Vorkaufsrecht deshalb nicht mehr ausüben, weil ein Vertrag immer zwei verschiedene Personen voraussetze[374]. Auch diese Argumentation ist sehr begriffsjuristisch[375]. Wie gezeigt[376], darf die Konfusion das Rechtsverhältnis einer Partei mit sich selbst nur dann zum Erlöschen bringen, wenn es keine Rechtswirkungen mehr hat. Genauso sollte einer Person nicht aufgrund rein begrifflicher Erwägungen versagt werden, ein derartiges Rechtsverhältnis zum Entstehen zu bringen, wenn es rechtlich relevante Wirkungen auslösen kann, die nach sämtlichen Gerechtigkeitsgrundsätzen zu billigen sind. Es ist nicht ersichtlich, warum einem Erben seine durch ein vorgemerktes Vorkaufsrecht gegebene Möglichkeit, in einen Kaufvertrag einzutreten, genommen werden sollte, nur weil er durch die Erbschaft zugleich auch Verkäufer wird. Ebenso wenig sollte ihm die Möglichkeit genommen werden, aufgrund eines Vorkaufsrechts einen Kaufvertrag zu schließen, um den mit einem Dritten abgeschlossenen Vertrag zu lösen. In diesem Fall handelt es sich um eine anfängliche Konfusion[377]. Diese ist aber nicht anders zu behandeln als die nachträgliche Konfusion. Da der Vertrag des Erben mit sich selbst Rechtswirkungen entfaltet, darf er nicht erlöschen und muss entstehen können[378]. Der Dritte verdient auch keinen Schutz gegenüber der Ausübung des Vorkaufsrechts. Das Recht war im Grundbuch vorgemerkt, und er musste daher mit seiner Ausübung rechnen.

---

372 Siehe oben § 4 IV 3 a.
373 *Wieling,* JR 2001, S. 147, 149.
374 BGH, JZ 2000, S. 679.
375 *Olshausen,* NJW 2000, S. 2872, 2873; *Wieling,* JR 2001, S. 147, 149.
376 *Gebauer / Haubold,* JZ 2000, S. 680, 681; *Kollhosser / Jansen,* JA 1988, S. 305, 309; *Wieling,* JR 2001, S. 147, 150.
377 *Gebauer / Haubold,* JZ 2000, S. 680, 681; *Wieling,* JR 2001, S. 147, 149.
378 Siehe oben § 4 IV 3 a.

Auch das Argument des BGH, der Vertrag mit sich selbst sei nach § 306 BGB a. F. wegen anfänglicher Unmöglichkeit nichtig[379], greift nicht. Zwar wird der Erbe schon durch den Erbfall Eigentümer des Grundstücks. Er kann es also nicht noch einmal vertraglich an sich übertragen, denn der Rechtserwerb an eigenen Sachen, die *emptio rei suae*, ist grundsätzlich ausgeschlossen[380]. Das ererbte Eigentum ist aber durch die beiden Vormerkungen belastet. Ein nach Ausübung des Vorkaufsrechts rechtsgeschäftlich erworbenes Eigentum wäre hingegen unbelastet. Die Vormerkung des Beklagten ginge der später eingetragenen Vormerkung der Kläger vor. Der Beklagte könnte nach Ausübung des Vorkaufsrechts die Löschungsbewilligung verlangen. Der Beklagte hat also durch die Erbschaft nicht so viel erlangt, wie er durch den rechtsgeschäftlichen Erwerb erlangen würde, der durch die Vormerkung abgesichert ist[381].

Selbstverständlich kann ein Eigentümer sämtliche seine Eigentumsbefugnisse schmälernden Rechte hinzukaufen[382]. Das Eigentum ist grundsätzlich das schwächste Recht, da ihm sämtliche Belastungen vorgehen[383]. Im vorliegenden Fall könnte man einwenden, die Belastungsfreiheit werde nicht von dem Beklagten „hinzuerworben". Die störende Belastung ist die Vormerkung zu Gunsten der Kläger. Der Beklagte möchte diese aber nicht von den Klägern erwerben. Er hat jedoch mit der Vormerkung in seinem Eigenvermögen die Möglichkeit, diese Belastung durch Ausübung des Vorkaufsrechts zu vernichten. Dies geht aber nur, indem er mit sich selbst einen Übereignungsvertrag über das Grundstück abschließt. Ein solcher Vertrag, der Rechtswirkungen entfaltet, da er zur Vernichtung einer Belastung führt, wäre nicht nach § 306 BGB a. F. nichtig. Ähnlich wie die Konfusion sollte auch § 306 BGB a. F. lediglich ein unerfüllbares und damit gehaltloses Rechtsverhältnis beseitigen. Die Norm hatte nicht den Zweck, Rechtsänderungen herbeizuführen, sondern lediglich unnötige Rechtsverhältnisse aufzuheben.

Nach neuem Schuldrecht ist die anfängliche objektive Unmöglichkeit in § 275 Abs. 1 BGB geregelt. Anders als nach § 306 BGB a. F. ist ein Vertrag

379 BGH, JZ 2000, S. 679.
380 *Wacke,* DNotZ 2001, S. 302, 308.
381 *Olshausen,* NJW 2000, S. 2872, 2873 f.; *Wieling,* JR 2001, S. 147, 151.
382 *Wacke,* DNotZ 2001, S. 302, 308.
383 *Wacke,* DNotZ 2001, S. 302, 308; *Wieling,* JR 2001, S. 147, 151.

selbst bei anfänglicher objektiver Unmöglichkeit nicht nichtig, es besteht lediglich kein Primärleistungsanspruch. Ein Anspruch auf Übereignung des Grundstücks würde also ausgeschlossen. Der Vorkaufsberechtigte kann aber trotzdem mit sich selbst einen wirksamen Kaufvertrag abschließen, dessen Nebenpflichten und sonstige Rechtswirkungen bestehen.

Nach Ansicht des BGH kann offenbleiben, ob die Vormerkung des Neffen gegenüber der Vormerkung der Kläger vorrangig gewesen wäre, wenn der Beklagte sein Vorkaufsrecht zu Lebzeiten der Klägerin ausgeübt hätte[384]. Gemäß den §§ 130 Abs. 2, 153 BGB sollte es aber irrelevant sein, ob die Erklärung, das Vorkaufsrecht auszuüben, vor oder nach dem Tod der Verkäuferin abgegeben wurde[385]. Nach § 153 BGB wird das Zustandekommen eines Vertrages nicht durch den Tod des Antragenden vor Annahme des Vertrages gehindert. Der Tod des Antragenden wird zu Gunsten des annehmenden Vertragspartners hinweggedacht. Da der Annehmende als weiterlebend gilt, kommt es zu einem Vertragsschluss unter Lebenden[386]. Diese Fiktion müsste aber für alle potentiellen Vertragspartner gelten. Es ist nicht ersichtlich, warum § 153 BGB nicht auch zu Gunsten des Vorkaufsberechtigten wirken sollte[387]. Da erst die Annahme des Vertrages die Situation auslöst, in der der Vorkaufsberechtigte in den Vertrag eintreten kann, muss ihm diese Möglichkeit auch gewährt werden. Das Weiterleben des Antragenden muss also noch so lange fingiert werden, wie der Vorkaufsberechtigte in den Vertrag eintreten, also das Vertragsangebot des Verstorbenen annehmen kann.

Zudem kann im vorliegenden Fall diskutiert werden, ob § 153 BGB überhaupt greift. Die Fiktion ist nach dem Wortlaut nicht schlüssig, wenn ein anderer Wille des Antragenden anzunehmen ist. Bei der Auslegung dieser Vorschrift ist umstritten, ob es einen tatsächlichen gegenteiligen Willen des Antragenden gegeben haben muss und ob dieser sich eventuell sogar konkludent manifestiert haben kann[388]. Nach einer Ansicht kann schon ein rein hypothetischer gegenteiliger Wille des Antragenden genügen, um die Fiktion

384 BGH, JZ 2000, S. 679, 680.
385 *Wacke,* DNotZ 2001, S. 302, 316.
386 *Wacke,* DNotZ 2001, S. 302, 316.
387 *Wacke,* DNotZ 2001, S. 302, 316 f.
388 *Flume,* JZ 2000, S. 1159 ff.; *Busche,* in: MüKo, § 153 Rn. 3.

des § 153 BGB zu verhindern[389]. Dann kann man argumentieren, dass die Tante, die ihrem Neffen den Erwerb des Grundstücks durch Einräumung des Vorkaufsrechts gesichert hat, keine Wirkung des Angebots über ihren Tod hinaus gewollt hätte. Insbesondere wenn sie geahnt hätte, dass ein Gericht die Ausübung des Vorkaufsrechts durch ihren Neffen nach dem Tod als unwirksam erachtet, hätte sie vermutlich die Frist zur Annahme des zweiten Kaufvertrages bis zu ihrem Tod begrenzt[390]. Die Tatsache, dass die Wirksamkeit des Antrags schon vertraglich ausdrücklich auf einen bestimmten Zeitpunkt begrenzt war, schließt einen Wegfall durch Tod des Antragenden nicht aus[391].

Die begriffsjuristische Argumentation des BGH ist also abzulehnen. Es muss aber erörtert werden, ob seine Entscheidung nicht dennoch im Ergebnis richtig ist. Eventuell könnte deshalb von dem Beklagten Bewilligung der Löschung seiner Vormerkung verlangt werden, weil er als Erbe an den Kaufvertrag mit den Klägern gebunden ist[392]. Durch den Erbfall trat er in die Position der Verkäuferin ein und ist daher grundsätzlich zur Erfüllung des Vertrages verpflichtet. Dies kann besonders in dem konkreten, vom BGH entschiedenen Fall angeführt werden, da der Kaufvertrag der Erblasserin mit den Klägern ungewöhnlicherweise kein Rücktrittsrecht für den Fall der Ausübung des Vorkaufsrechts enthielt[393]. Zudem ist der Beklagte ist als Inhaber der Vormerkung auch zu dieser Leistung in der Lage.

Mit dem Erbfall verschmelzen Erbschaft und Erblasservermögen zu einer Einheit[394]. Der Erbe haftet für die Schulden aus der Erbschaft zunächst unbegrenzt, auch mit seinem eigenen Vermögen. Die Vorstellung eines in zwei ideell getrennte Vermögensmassen[395] aufgeteilten Vermögens des Erben mag als bildhafte Denkhilfe zum Verständnis der Interessenlage beitragen[396].

---

389 *Bork,* in: Nomos Kommentar, § 153 Rn. 5; *Wacke,* DNotZ 2001, S. 302, Fn. 48.

390 *Wacke,* DNotZ 2001, S. 302, 317.

391 *Wacke,* DNotZ 2001, S. 302, Fn. 48.

392 *Gebauer / Haubold,* JZ 2000, S. 680, 682 f.

393 BGH, JZ 2000, S. 679, 680; *Gebauer / Haubold,* JZ 2000, S. 680; *Lüke,* DNotZ 2001, S. 59, 63.

394 *Lüke,* DNotZ 2001, S. 59, 61.

395 *Wacke,* NJW 1981, S. 1577, 1580.

396 *Wieling,* JR 2001, S. 147, 150.

Man kann sich vorstellen, dass die Pflicht zur Übereignung an die Kläger in den Nachlass gehört und der vorrangig vorgemerkte Anspruch auf das Eigentum in die Vermögensmasse des Beklagten[397]. Diese Vorstellung ist aber lediglich eine Verständnishilfe ohne eigentlichen Erkenntniswert. Das Vermögen des Beklagten stellt rechtlich ab dem Erbfall eine Einheit dar. Allein die Möglichkeit einer Aufspaltung in Nachlass und Erbenvermögen, etwa durch Nachlassverwaltung, kann noch keine getrennte Behandlung der verschiedenen Posten im Gesamtvermögen herbeiführen[398]. Die Frage der Haftung lässt sich nicht durch eine solch künstliche Abspaltung klären, sondern allein durch die Feststellung der einzelnen positiven und negativen Vermögensbestandteile.

Das Urteil des BGH könnte eventuell wegen der Wertung des § 185 Abs. 2 S. 1 Fall 3 BGB richtig entschieden worden sein[399]. Nach dieser Norm muss der Erbe Verfügungen des Erblassers gegen sich gelten lassen. Wenn diese Wertung auf den vorliegenden Fall übertragbar ist, dann müssten die Veräußerung und Vormerkung, die die Erblasserin zu Gunsten der Kläger bestellt hat, dem Erblasser gegenüber wirksam sein. Teilweise wurde argumentiert, wenn schon der Eigentümer sich nicht von der ererbten Verpflichtung zur Eigentumsübertragung lösen könne, so müsse dies erst recht für den Vormerkungsinhaber gelten[400]. Diese Begründung verkennt jedoch, dass das Eigentum im Vergleich das schwächste Recht ist[401]. Sämtliche Belastungen gehen dem Eigentum vor. Insbesondere eine Vormerkung setzt sich stets gegen das bestehende Eigentum durch. Selbst wenn also der Eigentümer nach § 185 Abs. 2 S. 1 Fall 3 BGB sein Recht verliert, muss dies noch nicht für den Vormerkungsberechtigten gelten[402]. Der Erbe, der seinen Eigentumserwerb bereits durch eine Vormerkung gesichert hatte, kann sich von der ererbten Verpflichtung lösen[403].

Der Beklagte hat eine Vormerkung, die der Vormerkung der Kläger im Rang vorgeht. Die Pflicht der Erblasserin zur Eigentumsübertragung an die

397 *Wieling,* JR 2001, S. 147, 150.
398 Anders aber *Olshausen,* NJW 2000, S. 2872, 2874.
399 *Gebauer / Haubold,* JZ 2000, S. 680, 683.
400 *Gebauer / Haubold,* JZ 2000, S. 680, 683.
401 *Wacke,* DNotZ 2001, S. 302, 308; *Wieling,* JR 2001, S. 147, 151.
402 *Wieling,* JR 2001, S. 147, 151.
403 Siehe auch oben § 4 IV 4 a aa.

Kläger war von vornherein davon abhängig, dass der vorkaufsberechtigte Neffe auf die Ausübung seines Vorkaufsrechts verzichtet. Daher darf sich dieser Eigentumsübergang an die Kläger auch nur dann vollziehen, wenn der Neffe sein Vorkaufsrecht freiwillig aufgibt. Es ist nicht verständlich, warum er nach dem BGH die vorrangige Vormerkung verlieren soll, wenn er durch den Erbfall zusätzlich das Eigentum an dem Grundstück erlangt[404]. Wie sollte der Hinzuerwerb weiterer Rechte zum Verlust des gesicherten Anspruchs führen[405]? Dies zeigt sich beispielsweise auch in den §§ 1976, 1991 Abs. 2, 2143, 2145 Abs. 2 und § 2175 BGB. Diesen Vorschriften liegt der gemeinsame Rechtsgedanke zugrunde, dass ein Gläubiger nicht dadurch schlechter gestellt werden darf, dass er den Schuldner beerbt[406]. Auch dieses Prinzip ist Teil des Grundsatzes der Kontinuität im Erbrecht. Der Erbe wird bei dem zufälligen Tod seines Schuldners davor geschützt, durch die Erbschaft gegenüber den anderen Gläubigern einen Nachteil zu erleiden. Gemäß dieser Wertung darf also der Vorkaufsberechtigte gegenüber den anderen Gläubigern der Erblasserin, den Käufern, keinen Nachteil dadurch erleiden, dass er die gemeinsame Schuldnerin beerbt[407].

Ein Wertungswiderspruch zeigt sich zudem in einem Vergleich zwischen Alleinerben und Miterben. Der Vormerkungsberechtigte, der nur Miterbe wird, würde sein Vorkaufsrecht behalten[408]. Nach h. M. tritt die Konvaleszenz des § 185 Abs. 2 S. 1 Fall 3 BGB wegen der Wertung des § 2063 Abs. 2 BGB nicht ein, wenn der Berechtigte nur Miterbe ist[409]. Nur wenn alle anderen Miterben die Erbschaft ausschlügen, würde sein Anspruch erlöschen. Diese Schlechterstellung des Alleinerben gegenüber einem Miterben lässt sich mit Billigkeitserwägungen schwer rechtfertigen[410]. Auch die

404 *Wieling,* JR 2001, S. 147, 150.

405 *Wieling,* JR 2001, S. 147, 150.

406 *Wacke,* NJW 1981, S. 1577, 1579.

407 So auch *Gebauer / Haubold,* JZ 2000, S. 680, 682, die aber auf S. 683 von diesem Gerechtigkeitsempfinden zu Gunsten einer analogen Anwendung des § 185 Abs. 2 S. 1 Fall 3 BGB abweichen.

408 So *Wacke,* JZ 2001, S. 380, 387.

409 *Leptien,* in: Soergel, § 185 Rn. 30. A. A. *Bayreuther,* in: MüKo, § 185 Rn. 85; *Ellenberger,* in: Palandt, § 185 Rn. 11a.

410 *Wacke,* NJW 1981, S. 1577, 1578; *Wacke,* DNotZ 2001, S. 302, 313 f.; *Gebauer / Haubold,* JZ 2000, S. 680, 863 teilen diesen Gedanken wiederum nur vorläufig, um im Ergebnis durch analoge Anwendung des § 185 Abs. 2 S. 1

ererbte Verpflichtung aus dem Kaufvertrag der Erblasserin mit den Klägern darf daher nicht zu einem Erlöschen des Vorkaufsrechts führen[411].

Der Beklagte muss also seine Rechte aus der Vormerkung behalten, als wäre die Erblasserin nicht gestorben. Somit gilt auch in diesem Fall die Maxime, dass Zufälligkeiten im Erbrecht zu vermeiden sind. Die Rechtslage darf sich, entgegen dem BGH, nicht durch den zufälligen Tod der Verkäuferin in dem Zeitfenster zwischen Abgabe des Übereignungsangebots und Ausübung des Vorkaufsrechts ändern[412]. Die Ausübung des Vorkaufsrechts soll nicht zu einem Wettlauf mit dem Tod des Veräußerers werden[413].

Auch wenn die Verkäuferin noch gelebt hätte, bis die Drittkäufer den Kaufvertrag angenommen hätten und der Neffe sein Vorkaufsrecht ausgeübt hätte, wäre der Fall nicht etwa nach § 185 Abs. 2 S. 1 Fall 3 BGB anders zu entscheiden gewesen. Der Neffe hätte dann zwar als Eigentümer die noch aus dem Vertrag mit den Drittkäufern verpflichtete Veräußerin beerbt. Sein Schutz aus dem Vorkaufsrecht und die nach den §§ 883, 888 BGB erzwingbare Zustimmung der Drittkäufer zur Eintragung des Neffen wirken aber noch über den Tod der Erblasserin hinaus. Wie die Erblasserin ist dann auch der Erbe den Drittkäufern lediglich zum Ersatz des Schadens in Geld verpflichtet[414].

Nach dem Urteil des BGH bleibt dem Beklagten immerhin die Möglichkeit, die Nachlassverwaltung zu beantragen. Dadurch müsste gemäß § 1976 BGB rückwirkend die vom BGH angenommene Konfusion erlöschen. Die Ausübung des Vorkaufsrechts müsste dem Beklagten dann vermutlich auch nach der Rechtsauffassung des BGH wieder möglich sein[415].

Fall 3 BGB dennoch eben diese Situation, die Schlechterstellung des Alleinerben, herbeizuführen.

411 Plakativ ausgedrückt spricht Wacke davon, es dürfe kein „Pech, eine gute Erbschaft zu machen" geben, *Wacke,* JZ 2001, S. 380, 387 u. *Wacke,* DNotZ 2001, S. 302, und Wieling erklärt, es solle nicht derjenige auf Rechte verzichten, der das Glück hat, eine Erbschaft zu machen, *Wieling,* JR 2001, S. 147, 149.

412 *Gebauer / Haubold,* JZ 2000, S. 680, 681; *Lüke,* DNotZ 2001, S. 59, 62; *Olshausen,* NJW 2000, S. 2872, 2874.

413 *Wacke,* JZ 2001, S. 380, 387.

414 *Wieling,* JR 2001, S. 147, 151.

415 *Flume,* JZ 2000, S. 1159 f.; *Olshausen,* NJW 2000, S. 2872, 2874.

bb) Der Veräußerer als Erbe

Beerbt umgekehrt zum Sachverhalt im BGH-Urteil vom 3.12.1999[416] der Verkäufer den Vorkaufsberechtigten, so ist fraglich, ob er das als Bestandteil der Erbschaft übergehende Vorkaufsrecht ausüben darf.

Fall: Die Eigentümerin räumte ihrem Neffen ein Vorkaufsrecht an einem Grundstück zu einem festen Kaufpreis ein, das im Grundbuch eingetragen wurde. Dann bot sie mit notarieller Urkunde einem Käuferpaar das Grundstück zum Kauf an. Danach starb der Neffe der Eigentümerin, und sie wurde seine Alleinerbin.

Nach fast einhelliger Ansicht verschmelzen die Vermögensmassen des Erblassers und des Erben im Zeitpunkt des Erbfalls miteinander zu einer Einheit[417]. Dann könnte das Vorkaufsrecht bereits in diesem Zeitpunkt durch Konfusion erlöschen. Der Inhaber des Vorkaufsrechts und der Anspruchsgegner, der Grundstückseigentümer, fallen mit dem Erbfall in einer Person zusammen. Allerdings hat das Vorkaufsrecht noch Rechtswirkungen. Wenn es ausgeübt werden kann, hat der Erbe die Möglichkeit, sein Eigentum zu behalten. Erlischt es durch Konfusion, ist er zur Erfüllung des Kaufvertrages verpflichtet und verliert dadurch das Eigentum.

In diesem Fall ist dem Erben aber aus Wertungsgesichtspunkten die Ausübung des Vorkaufsrechts zu verwehren. Das Argument, der Käufer profitiere von einem zufälligen Todesfall, da der Verkäufer den Verkauf nicht gegen den Willen des Vorkaufsberechtigten hätte durchführen können, verfängt nicht. Der Verkäufer bekäme sonst durch den Erbfall die Möglichkeit, sich von dem geschlossenen Kaufvertrag zu lösen. Dies wäre aber ein widersprüchliches Verhalten und als unzulässige Rechtsausübung nach Treu und Glauben gemäß § 242 BGB unstatthaft[418]. Sich auf ein zufällig erworbenes Vorkaufsrecht zu berufen, um sich von dem eingegangenen Kaufvertrag zu lösen, wäre ein unzulässiges *venire contra factum proprium*. Der Verkäufer erwirbt durch den Todesfall zusätzliche Rechte. Dadurch ist er nun in der Lage, die Erfüllung des Kaufvertrags selbst zu erreichen, ohne auf entsprechendes Verhalten dritter Rechts-

---

416 BGH, JZ 2000, S. 679, siehe oben § 4 IV 4 b aa.

417 *Lüke,* DNotZ 2001, S. 59, 61.

418 *Wacke,* DNotZ 2001, S. 302, 320.

inhaber angewiesen zu sein. Die Situation entspricht der des § 185 Abs. 2 S. 1 Fall 2 BGB. Der Verpflichtete erwirbt im Erbgang etwas hinzu, das ihm die Erfüllung ermöglicht. In diesen Fällen darf er sich nicht von den eingegangenen Verpflichtungen lösen können.

5. Ergebnis

Die Verfasser des BGB haben sich mit der Konvaleszenz nach § 185 Abs. 2 S. 1 Fall 3 BGB für eine weitreichende Haftung entschieden. Durch diese Norm können Rechtswirkungen zu Lasten des Erben auftreten, die ohne den Erbfall nicht möglich gewesen wären. Der Gläubiger profitiert insoweit vom Tod seines Schuldners, als ein für den Schuldner subjektiv unmöglicher Primäranspruch nun doch erfüllt wird. § 185 Abs. 2 S. 1 Fall 3 BGB normiert insofern eine Ausnahme von dem Kontinuitätsgrundsatz, nach dem sich die Rechts- und Pflichtenlage mit und ohne den Erbfall möglichst nicht unterscheiden sollen. Der Erbe ist an die Verfügung des Erblassers gebunden, auch wenn der Erblasser selbst nicht wirksam verfügen konnte.

Es kann abschließend festgestellt werden, dass die Wertung des § 185 Abs. 2 S. 1 Fall 3 BGB für eine Vererblichkeit der deliktischen Handlung spricht. Nach dieser Norm kann ein Erbe Rechte verlieren, über die der Erblasser als Nichtberechtigter verfügt hat. Der Rechtssatz des *venire contra factum proprium* wird dem Erben genauso entgegengehalten wie dem Erblasser. Dies spricht dafür, dass der Erbe umfassend für die Handlungen des Erblassers haftet. Wenn dies für Verfügungen gilt, so kann dies auch für deliktische Handlungen gelten. Der Erbe tritt in das Pflichtenleben des Erblassers ein und haftet für dessen Handlungen.

V. Ansprüche aus ungerechtfertigter Bereicherung

Auch bei bereicherungsrechtlichen Ansprüchen kann es vorkommen, dass sie zu Lebzeiten der Beteiligten angelegt wurden, im Moment des Todes einer Partei aber noch nicht alle Anspruchsvoraussetzungen vorliegen.

1. Tod des Bereicherungsschuldners

Fall[419]: Die Eheleute G übertrugen im Wege der vorweggenommenen Erbfolge ihr Hausgrundstück auf ihren Sohn. Der Sohn und Herr G starben. Der Sohn wurde von Dritten beerbt. Danach kam Frau G in ein Altenpflegeheim. Der klagende Landkreis gewährt ihr Hilfe zur Pflege durch Übernahme der durch ihre Rente nicht gedeckten Heimpflegekosten nach dem Bundessozialhilfegesetz. Er macht nun gegen die Erben des Sohnes einen Rückforderungsanspruch wegen Verarmung der Schenkerin nach § 528 BGB geltend.

Die Verarmung der Schenkerin nach § 528 Abs. 1 S. 1 BGB trat erst nach dem Tod des Beschenkten ein. Zu seinen Lebzeiten war also noch kein Anspruch aus § 528 i. V. m. § 822 BGB entstanden. Der Anspruch entsteht direkt gegen die Erben, falls diese so weit in die Rechtsstellung des Erblassers eintreten. Die Erben können nicht einwenden, dass sie das Grundstück nicht durch einen von § 822 BGB verlangten rechtsgeschäftlichen Erwerb[420], sondern als Erben erlangt haben. Sie treten durch die Gesamtrechtsnachfolge in die Rechtspositionen des Erblassers ein und erwerben seine Vermögensgegenstände so, wie sie ihm zugestanden haben[421]. Der Anspruch aus § 528 i. V. m. § 822 BGB geht nicht dadurch unter, dass das Erlangte mittlerweile durch Erbschaft auf andere Personen übergegangen ist.

Die Erben treten in die Rechts- und Pflichtenstellung des Erblassers ein. Damit gehen auch die aus dem Übertragungsvertrag zwischen dem Erblasser und seinen Eltern resultierenden Pflichten auf sie über. Das Entstehen von bereicherungsrechtlichen Pflichten, deren Voraussetzungen erst nach dem Tod des Erblassers vorliegen, wird nicht dadurch gehindert, dass der Bereicherte mittlerweile verstorben ist. Wenn der Erblasser im Falle seines Weiterlebens das Erlangte hätte herausgeben müssen, dann entsteht dieser Anspruch nun gegen die Erben. Das Erlangte wird nicht dadurch kondiktionsfest, dass es vor Anspruchsentstehung vererbt wurde. Der

419 Vereinfachte Darstellung von BGH, Urteil vom 7.6.1991, V ZR 214 / 89, NJW 1991, S. 2558–2559.
420 *Sprau*, in: Palandt, § 822 Rn. 5.
421 BGH, NJW 1991, S. 2558.

Todeszeitpunkt des Erwerbers darf keinen Einfluss auf das Bestehen oder Nichtbestehen von bereicherungsrechtlichen Herausgabepflichten haben.

2. Tod des Bereicherungsgläubigers

Fall[422]: Die Klägerin war mit dem Erblasser, dem 2007 verstorbenen Herrn H, verheiratet und ist dessen Miterbin. Sie lebte mit dem Erblasser zusammen unentgeltlich im Hause seiner Mutter. Der Erblasser investierte € 250.000 in Ausbau und Modernisierung des Hauses seiner Mutter im Hinblick auf deren Versprechen, sie werde ihn zu ihrem Erben bestimmen. Die nach dem Erblasser verstorbene Mutter setzte eine ihrer Töchter zur Alleinerbin ein. Die Klägerin verlangt nun von dieser Tochter Zahlung von € 187.500 nebst Zinsen an die Erbengemeinschaft, da der Zweck der Verwendungen verfehlt worden sei.

Wenn ein potentiell Anspruchsberechtigter stirbt, bevor der Anspruch entstanden ist, könnte der Anspruch im Nachlass entstehen. Der Erblasser hatte die Verwendungen auf das Grundstück seiner Mutter in der Erwartung geleistet, er werde dieses Grundstück zukünftig erwerben. Der Leistende erhält in dieser Konstellation einen Bereicherungsanspruch aus § 812 Abs. 1 S. 2 Var. 2 BGB, sobald endgültig feststeht, dass der von ihm bezweckte Erfolg nicht eintritt[423].

Der BGH nahm an, es habe bereits mit dem Tod des Leistenden festgestanden, dass er nicht Eigentümer werden wird[424]. Man könnte aber auch einen Eigentumserwerb durch die Erben des Leistenden als einen mit der Leistung bezweckten Erfolg ansehen. Der Eigentumserwerb an einem Grundstück ist kein höchstpersönlicher Erfolg, den der Erblasser selbst erreichen wollte. Ein Erwerb durch die in seine Rechtsposition eingetretenen Erben hätte den Zweck ebenso erfüllen können. Der Zeitpunkt, in dem endgültig feststand, dass der bezweckte Erfolg nicht eintritt, war demnach der Zeitpunkt des Todes der Mutter. Da diese ihre Tochter als Erbin eingesetzt hatte, steht nunmehr fest, dass das Eigentum an dem Grundstück nicht in das Vermögen des Erblassers, seinen Nachlass geht. Der BGH, der

422 Vereinfachte Darstellung von BGH, Urteil vom 22.3.2013, BGHZ 197, 110.
423 *Sprau*, in: Palandt, § 812 Rn. 31; *Wendehorst,* in: Bamberger / Roth, § 812 Rn. 96.
424 So BGHZ 197, 110, Rn. 21.

davon ausging, die Zweckverfehlung habe bereits mit dem Tod des Leistenden festgestanden, nimmt aber ebenfalls den Zeitpunkt des Todes der Mutter als frühesten Zeitpunkt der Entstehung des Bereicherungsanspruchs an[425]. Er geht davon aus, der Rückforderungsanspruch könne erst dann entstehen, wenn eine vereinbarte auflösende Bedingung eingetreten sei, an die das Behaltendürfen der Leistung geknüpft gewesen sei[426]. Da der Leistende der Abrede gemäß erst nach dem Tod der Mutter Eigentümer des Grundstücks werden sollte, trat die Bedingung, die das Recht der Mutter zum Behaltendürfen beendete, grundsätzlich erst zum Zeitpunkt ihres Todes ein. Die Bedingung hätte nur dann vor ihrem Tod eintreten können, wenn sie zu Lebzeiten anderweitig über das Eigentum verfügt hätte[427].

Der Tod des Leistenden stellt keinen Hinderungsgrund für den Eintritt des bezweckten Erfolgs dar, der gemäß § 815 BGB die Rückforderung ausschließen könnte. Wenn man davon ausgeht, der Zweck könne auch dadurch erreicht werden, dass die Erben des Leistenden als Erben der Empfängerin eingesetzt werden, so verhindert der Tod schon nicht den Erfolg. Geht man mit dem BGH davon aus, der Erfolg sei mit Versterben des Leistenden unmöglich, so liegt dennoch keiner der in § 815 BGB genannten Gründe zum Ausschluss der Rückforderung vor. Weder war der Eintritt des Erfolgs von Anfang an mit Wissen des Erblassers unmöglich, noch hat er den Eintritt wider Treu und Glauben verhindert[428]. Auch die Argumentation, der Rückforderungsanspruch sei ausgeschlossen, weil das Vorversterben des Erblassers und damit seine Untauglichkeit, als Erbe seiner Mutter eingesetzt zu werden, gemäß § 1923 Abs. 1 BGB in dessen Risikobereich gelegen habe, greift nicht. § 815 BGB bestimmt abschließend, welche Gründe aus der Risikosphäre des Leistenden die Rückforderung ausschließen[429].

Der vorzeitige Tod des Leistenden hindert das Entstehen des Bereicherungsanspruchs also nicht etwa aus sachlichen Gründen. Durch seinen Tod wird der Erfolg nicht verhindert, und die Rückforderung des Geleisteten ist nicht wegen des Vorversterbens nach § 815 BGB ausgeschlossen. Damit

---

425 BGHZ 197, 110, Rn. 22.
426 BGHZ 197, 110, Rn. 22; *Wendehorst,* in: Bamberger / Roth, § 812 Rn. 96.
427 BGHZ 197, 110, Rn. 22.
428 BGHZ 197, 110, Rn. 16, 19.
429 BGHZ 197, 110, Rn. 16.

muss der Bereicherungsanspruch mit Vorliegen aller Voraussetzungen im Nachlass entstehen. Das Recht, die Herausgabe einer Bereicherung zu verlangen, geht im Wege der Gesamtrechtsnachfolge auf die Erben über[430]. Der Tod des Leistenden soll keinen Einfluss auf die Anspruchsentstehung haben. Ohne anderweitige Absprachen zwischen dem Leistendem und dem Empfänger führt der Tod des Empfängers nicht zu einem kondiktionsfesten Behaltendürfen des Bereicherten.

3. Fazit

Die genannten bereicherungsrechtlichen Fälle müssen im Sinne des Kontinuitätsgrundsatzes einheitlich entschieden werden, d. h. unabhängig vom Überleben der Beteiligten. Wenn der Erblasser, wäre er nicht gestorben, einen Anspruch erlangt hätte oder zu einer Herausgabe verpflichtet gewesen wäre, entsteht dieser Anspruch bzw. diese Verpflichtung nun gegen seinen Erben.

VI. Straf- und Bußgelder

Straf- und Bußgelder des Erblassers gehen nicht im Rahmen der Gesamtrechtsnachfolge auf den Erben über. Gemäß § 459c Abs. 3 StPO und § 101 OWiG ist ihre Vollstreckung gegen die Erbschaft ausdrücklich ausgeschlossen. Demnach muss sogar eine bereits vor dem Erbfall begonnene Vollstreckung abgebrochen werden[431].

Die Zahlung einer Geldstrafe oder eines Bußgeldes hat lediglich bestrafende Wirkung. Die Präventionsfunktion wirkt durch das Bestehen der Straf- und Bußvorschriften. Zwar würden die Vorschriften weniger präventiv wirken, wenn sie in der Praxis selten vollstreckt würden. Die Vollstreckung gegen die Rechtsnachfolger eines Delinquenten kann jedoch kaum präventiv wirken. Geldstrafe und Bußgeld haben keine ausgleichende Funktion. Sie werden nicht an den Geschädigten gezahlt. Anders als im Zivilrecht gibt es in diesem öffentlich-rechtlichen Rechtsverhältnis keinen verletzten Anspruchsgegner, dem das Geld zusteht. Es gehört zur Natur der Geldstrafe und des Bußgeldes, dass der Wert dem Zahlenden entzogen werden soll, dieser Wert aber beim Empfänger nicht fehlt. Die öffentlichen Stellen sollen nicht mit den künftig

430 BGHZ 197, 110, Rn. 23.
431 *Meyer-Goßner*, StPO, § 459 c Rn. 7.

eingehenden Bußgeldzahlungen kalkulieren. Die Festsetzung der Höhe muss sich an der Schuld des Delinquenten orientieren. Mit seinem Tod ist der Sühnezweck der Zahlung nicht mehr erreichbar. Entgegen dem Kontinuitätsgrundsatz erlischt damit die Zahlungspflicht. Das Rechtsverhältnis muss nicht aufrechterhalten werden, weil der Zweck seines Bestehens weggefallen ist.

Bei zivilrechtlichen Ansprüchen aus deliktischen Handlungen geht es hingegen darum, wer wirtschaftlich den Schaden tragen muss. Die Zwecke des Deliktsrechts lassen sich auch nach dem Tod des Schädigers noch durch die Schadensersatzzahlung erreichen[432]. Der Geschädigte darf die Möglichkeit zum Schadensausgleich nicht dadurch verlieren, dass der Schädiger vor Schadensentstehung verstirbt.

VII. Die Rechtsnachfolge in die abstrakte Polizeipflicht

Die öffentlich-rechtliche Frage nach dem Übergang in eine abstrakte Polizeipflicht ist in einigen Punkten vergleichbar mit der Frage des Übergangs einer deliktischen Handlung. Dieses parallele Problem kann interessante strukturelle Erkenntnisse für die Analyse der Vererblichkeit der deliktischen Handlung ermöglichen. Außerdem sollte wegen des Grundsatzes der Einheit der Rechtsordnung der im BGB gefundene Kontinuitätsgrundsatz auch an den öffentlich-rechtlichen Fällen geprüft werden.

Wenn die Voraussetzungen zum Erlass eines Verwaltungsaktes gegeben sind, dieser aber noch nicht erlassen wurde, spricht man von einer abstrakten Polizeipflicht. Die Polizeipflicht wurde also noch nicht durch Verwaltungsakt konkretisiert. Stirbt ein abstrakt polizeipflichtiger Störer, stellt sich die Frage, ob seine abstrakte Polizeipflicht mit seinem Tode erlischt oder ob sie auf seinen Erben übergeht, so dass gegen diesen ein Verwaltungsakt erlassen werden kann. Bei einer Zustandsverantwortlichkeit des Erblassers ist dies ein rein theoretisches Problem. Da die Zustandsverantwortlichkeit immer an eine Sache gekoppelt ist, ist automatisch der Rechtsnachfolger, also der neue Inhaber der tatsächlichen Gewalt oder der neue Eigentümer der Sache, selbst auch neuer Zustandsverantwortlicher[433]. Praktische Aus-

432 Siehe dazu ausführlich oben § 1 III.

433 *Götz,* Allgemeines Polizei- und Ordnungsrecht, § 9, Rn. 83; *Papier,* NVwZ 1986, S. 256, 262 sowie DVBl. 1996, S. 125, 127.

wirkungen hat diese Frage aber bei Verhaltensverantwortlichkeiten. Wenn der abstrakt verantwortliche Handlungsstörer stirbt, kann gegen den Erben nur dann ein konkretisierender Verwaltungsakt ergehen, wenn man den Übergang der abstrakten Polizeipflicht bejaht.

Anders als bei der zivilrechtlichen Deliktshaftung bedarf es für die Polizeipflichten noch keines Schadens. Es genügt eine konkrete Gefahr für die öffentliche Sicherheit oder Ordnung, um den Störer zum Handeln zu zwingen. Insofern ist die Verantwortlichkeit seitens des Störers bereits voll entstanden, sobald eine Gefahr besteht[434]. Es scheint daher naheliegend, die abstrakte Polizeipflicht mit der zivilrechtlichen Situation zu vergleichen, in der ein Schadensersatzanspruch bereits entstanden und lediglich noch nicht tituliert ist[435]. Immerhin hat der Verwaltungsakt auch eine Titelfunktion[436]. Er soll der Behörde also die Vollstreckung ohne den Umweg über die Gerichte ermöglichen. Anders als andere titelgebende Verfahren, die nur eine vorhandene Rechtslage feststellen und vollstreckbar machen, hat der Verwaltungsakt aber vornehmlich gestaltende Funktion. In dem Verwaltungsakt wird festgelegt, welche Maßnahme überhaupt ergriffen wird. Dies hängt vom Ermessen der zuständigen Behörde ab. Ob und wie sie eingreift, entscheidet sie in einem Abwägungsprozess. Bei einer abstrakten Polizeipflicht ist also, anders als bei einem lediglich noch nicht titulierten Schadensersatzanspruch, noch offen, ob überhaupt ein Verwaltungsakt ergehen soll und welchen Inhalt er haben wird. Daher ist die abstrakte Polizeipflicht im Zivilrecht mit der hier untersuchten, im Zeitpunkt der Rechtsnachfolge noch nicht entstandenen Schadensersatzpflicht vergleichbar. Die Parallelität der Vererbbarkeit der abstrakten Polizeipflicht mit derjenigen der deliktischen Handlung besteht darin, dass das ursächliche Verhalten des Erblassers jeweils schon vor seinem Tod abgeschlossen war. Die Kausalkette, durch die ein Anspruch gegen den Erblasser entstünde, wenn er weiterlebte, ist in Gang gesetzt. Der Erblasser hat seinerseits bereits alles getan, was zu seiner Inanspruchnahme führen würde.

---

434 *Beljin / Micker,* JuS 2003, S. 556, 559.

435 So etwa *Stadie,* DVBl. 1990, S. 501, 505, der mit dem Vergleich von titulierten Zivilrechtsansprüchen mit durch Verwaltungsakt festgestellten öffentlich-rechtlichen Ansprüchen für eine Rechtsnachfolge in die abstrakte Polizeipflicht argumentiert.

436 *Hendler,* Allgemeines Verwaltungsrecht, Rn. 90a.

Ob und in welcher Form es tatsächlich zu einer Inanspruchnahme kommt, hängt nur noch von Ereignissen außerhalb seines Einflussbereichs ab. Es stellt sich in beiden Fällen die Frage, ob sein Tod diese Kausalkette unterbrechen und die Inanspruchnahme verhindern kann. Stirbt der Verursacher nicht, so entsteht im Zivilrecht unausweichlich mit dem Schadenseintritt der Anspruch. Nach dem Tod des deliktisch Handelnden kann gegen den Erben ein Schadensersatzanspruch entstehen, wenn man in der deliktischen Handlung bereits eine übergangsfähige Rechtsposition sieht. Im öffentlichen Recht hat die Behörde zu Lebzeiten des Verantwortlichen die Ermächtigung zum Erlass des Verwaltungsaktes. Der Störer hat seine Verantwortlichkeit begründet. Es ist keinerlei zusätzliches Verhalten seinerseits mehr erforderlich, zu seiner seiner Inanspruchnahme. Wenn er weiterlebte, könnte die Behörde einen Verwaltungsakt gegen ihn erlassen. Nach seinem Tod kommt es darauf an, ob die vom Erblasser verursachte Polizeipflichtigkeit auf den Erben übergeht.

Für eine Rechtsnachfolge muss ein Übergangstatbestand existieren, und die Pflicht muss ihrer Natur nach rechtsnachfolgefähig sein. Im öffentlichen Recht ist wegen des Gesetzesvorbehaltes schon problematisch, ob es einen geeigneten Übergangstatbestand für die Rechtsnachfolge des Erben in abstrakte Polizeipflichten gibt[437]. Die Gesamtrechtsnachfolge aus den §§ 1922, 1967 BGB umfasst ihrem Wortlaut nach den Übergang sämtlicher Rechte und Pflichten. Im öffentlichen Recht wird aber teilweise vertreten, dass jede Rechtsnachfolge in öffentlich-rechtliche Pflichten auch ausdrücklich im öffentlichen Recht normiert sein müsse. Das öffentlich-rechtliche Rechtsverhältnis zwischen der Behörde und dem potentiellen Adressaten werde durch den Adressatenwechsel geändert. Für eine solche Änderung öffentlich-rechtlicher Verhältnisse verlange der Gesetzesvorbehalt eine Regelung aus dem öffentlichen Recht[438]. Allerdings ist die Gesamtrechtsnachfolge im BGB umfassend geregelt im Hinblick auf den Übergang aller Rechte und Pflichten sowie die Haftungsbeschränkungsmöglichkeiten des Erben. Es besteht kein Bedarf, ein derartiges Regelungssystem nochmals explizit in einem öffentlich-rechtlichen Gesetz zu normieren. Der im BGB verwendete Begriff „Verbindlichkeiten" ist nicht rein privatrechtlich zu verstehen. Pflichten sind „Verbindlichkeiten", unabhängig davon, welchem

437 *Schenke,* Polizei- und Ordnungsrecht, § 4, Rn. 296.
438 *Ruppe,* in: Schulze-Osterloh, S. 45, 54; *Stadie,* DVBl. 1990, S. 501, 502.

Rechtsgebiet sie entspringen. Auch öffentlich-rechtliche Pflichten sind daher „Verbindlichkeiten" i. S. d. §§ 1922, 1967 BGB. Diese Regelungen im BGB können übergreifend für alle Rechtsgebiete gelten. Es wäre sinnwidrig, die öffentlich-rechtlichen Pflichten und Rechte aus der Gesamtrechtsnachfolge auszunehmen. Es wäre auch nicht einzusehen, warum ein Erbe nicht auch für geldwerte öffentlich-rechtliche Ansprüche gegen den Verstorbenen haften sollte. Ebenso unverständlich wäre es allerdings, wenn der Erbe seine Haftung für öffentlich-rechtliche Verbindlichkeiten nicht auf den Nachlass beschränken könnte[439]. Daher müssen die Normen der Gesamtrechtsnachfolge aus dem BGB auch im öffentlichen Recht gelten[440].

Öffentlich-rechtliche Pflichten können also nach den §§ 1922, 1967 BGB auf den Erben übergehen, sofern sie rechtsnachfolgefähig sind. Die Rechtsnatur der abstrakten Polizeipflicht wird kontrovers diskutiert. Fest steht nur, dass aufgrund einer abstrakten Polizeipflicht behördliche Maßnahmen ergehen können[441]. Umstritten ist, ob bei einer abstrakten Polizeipflicht bereits tatsächlich eine Pflicht des Bürgers besteht. Eine Handlungspflicht könnte schon allein durch das Gesetz bestehen, so dass sie durch die Aufforderung der Behörde nur konkretisiert wird[442]. Die Befürworter dieser Ansicht, die in der abstrakten Polizeipflicht eine bereits vorhandene Pflicht sehen, halten sie für rechtsnachfolgefähig. Der Rechtsnachfolger des abstrakt Verpflichteten tritt so in dessen Rechtsstellung ein, dass die übergegangene Pflicht später durch einen Verwaltungsakt ihm gegenüber nur konkretisiert werden muss[443].

Es wird teilweise aber auch vertreten, dass die abstrakte Polizeipflicht nur eine bloße Eingriffsermächtigung sei[444]. Das Polizei- und Ordnungsrecht normiere keine subjektiv öffentlichen Pflichten des Bürgers, sondern nur

---

439 *Schulz,* Die Lastentragung bei der Sanierung von Bodenkontaminationen, S. 328; *Stadie,* DVBl. 1990, S. 501, 502.

440 BVerwG, Urteil vom 16.3.2006, NVwZ 2006, S. 928, 930; OVG Münster, Urteil vom 30.5.1996, NVwZ 1997, S. 507, 508; *Nolte / Niestedt,* JuS 2000, S. 1071, 1075.

441 *Knauff,* DVBl. 2006, S. 1321, 1322.

442 *Nolte / Niestedt,* JuS 2000, S. 1071, 1074 f.; Schulz, Die Lastentragung bei der Sanierung von Bodenkontaminationen, S. 325; *Stadie,* DVBl. 1990, S. 501, 505 f.

443 BVerwG, NVwZ 2006, 928–932.

444 *Papier,* NVwZ 1986, S. 256, 262.

Eingriffsermächtigungen der öffentlichen Gewalt[445]. Die abstrakte Polizeipflicht stelle an sich keine Pflicht des Gewaltunterworfenen dar, sondern sei nur eine Fiktion[446]. Nach dieser Ansicht lässt erst der auffordernde Verwaltungsakt eine Pflicht des Störers entstehen. Bis zum Einschreiten der Behörde ist der abstrakt Polizeipflichtige nichts weiter als ein potentieller Adressat einer Polizeiverfügung. Da es ohne den Eingriff der Behörde keine subjektiven Rechtspflichten des Störers gebe, weder in der Vollendung noch im Werden[447], könne eben auch keine Pflicht im Wege der Gesamtrechtsnachfolge übergehen.

Ob bei einer abstrakten Polizeipflicht bereits eine reale Pflicht des Bürgers besteht oder noch nicht, ist aber für die Frage der Rechtsnachfolge nicht relevant, wenn man davon ausgeht, dass auch noch nicht vorhandene Pflichtigkeiten, also bisher nur angelegte, erst zukünftig entstehende Pflichten, auf den Rechtsnachfolger übergehen können. Offensichtlich ist die Handlung des Verhaltensstörers die Ursache seiner, wenn auch erst nach seinem Tod entstehenden Pflichtigkeit. Dass im Zeitpunkt des Todes des Handelnden noch keine Pflicht bestand, ist kein Grund, die Rechtsnachfolge in die abstrakte Verhaltensverantwortlichkeit abzulehnen. Die Frage, ob und welche angelegten, später entstehenden Pflichtigkeiten im Erbfall übergehen können, wird in dieser Arbeit erörtert. Der Passus „vom Erblasser herrührenden" in § 1967 BGB bezieht sich auf alle, wenn auch später entstehenden Verbindlichkeiten des Erblassers[448]. Selbst wenn man davon ausgeht, dass bis zum Erlass eines Verwaltungsaktes keinerlei Pflichtigkeit auch nur angelegt ist, muss man einräumen, dass sie aus der Handlung des Störers „herrührt". Das Entstehen der Pflicht, wenn sie entsteht, beruht auf dem Verhalten des Erblassers. Ob die Pflicht mit einer Handlung embryonal angelegt wird und sich dann bis zur Vollendung weiterentwickelt oder ob sie plötzlich, spontan durch den Erlass des Verwaltungsaktes entsteht, darf im Ergebnis keinen Unterschied machen. Auch im Zivilrecht trifft

---

445 *Papier,* DVBl. 1996, S. 125, 127.

446 *Papier,* DVBl. 1996, S. 125, 127; *Pieroth / Schlink / Kniesel,* Polizei- und Ordnungsrecht, § 9, Rn. 49.

447 *Papier,* DVBl. 1996, S. 125, 127.

448 Siehe oben § 1 II, sowie BGH, NJW 1991, S. 2558, 2559; LG Freiburg, JW 1938, S. 1819, 1820.

den Handelnden eventuell keinerlei Pflicht, bevor der Schaden entsteht[449]. In einigen Fällen mag er zur Beseitigung verpflichtet sein, in anderen nicht.

Die abstrakte Polizeipflicht ist eine „im Werden" begriffene Rechtsbeziehung[450]. Die Rechtsbeziehung zwischen dem Störer und dem zuständigen Träger der öffentlichen Gewalt entwickelt sich spätestens ab dem Zeitpunkt, in dem der Handelnde die Störereigenschaft erlangt. Für eine rechtsnachfolgefähige angelegte Rechtsbeziehung ist gerade nicht erforderlich, dass ihre Entstehung bereits sicher oder unvermeidlich ist. Die Rechtsbeziehung geht in dem Stadium über, in dem sie sich im Zeitpunkt des Erbfalls befand, also als abstrakte Polizeipflicht, als Eingriffsbefugnis der zuständigen Behörde. Der Erbe des ursprünglichen Störers ist nun Störer und potentieller Adressat des Verwaltungsaktes. Das Ermessen muss nun in Bezug auf den neuen Adressaten ausgeübt werden. Der Ursprung der Pflicht liegt in einer Handlung des Erblassers. Die Pflicht bestünde noch, wenn er nicht gestorben wäre. Allein sein Tod sollte sie nicht erlöschen lassen.

Ob die Polizeipflicht durch die Behörde konkretisiert wird, ist im Zeitpunkt der Rechtsnachfolge noch offen. Die Behörde hat ein Entschließungs- und Auswahlermessen, aufgrund dessen sie ihr Eingreifen und die Art ihres Eingreifens in der konkreten Situation entscheiden kann. Dieses Ermessen muss sie nach der Rechtsnachfolge in Bezug auf den neuen Adressaten, also den Rechtsnachfolger, ausüben. Sie kann und muss bei der Ermessensausübung dabei auch die Tatsache berücksichtigen, dass der Rechtsnachfolger gerade nicht der eigentliche Verursacher der Gefahr ist, soweit wie dieser Aspekt bei gleich effektiver Gefahrenabwehr Berücksichtigung finden kann. Die Rechtsnachfolge allein sollte aber nicht die abstrakte Polizeipflicht erlöschen lassen. Selbst wenn man in der abstrakten Polizeipflicht lediglich eine Eingriffsermächtigung der Behörde sieht, sollte diese bestehen bleiben, so dass die Behörde mit Blick auf den neuen Adressaten des potentiellen Eingriffs ihr Ermessen zur Gefahrbeseitigung ausüben kann.

Dennoch schien es lange Zeit gesicherte Lehre, dass die Polizeipflicht generell unvererblich sei. Das lag vor allem an der Vorstellung, dass eine Polizeipflicht immer höchstpersönlich sei und damit nicht rechtsnachfolge-

---

449 Siehe dazu oben § 2 II.

450 So BVerwG, Urteil vom 16.3.2006, NVwZ 2006, 928; *Stadie,* DVBl. 1990, S. 501, 505; a. A. *Papier,* DVBl. 1996, S. 125, 127.

fähig[451]. Nach diesem Verständnis sollte also selbst die bereits durch Verwaltungsakt konkretisierte Verantwortlichkeit nicht übergangsfähig sein[452]. Jedoch beziehen sich viele Polizeipflichten auf Handlungen, die vertretbar sind oder im Wege der Ersatzvornahme erledigt werden können. Generell kann eine Verpflichtung zur Vornahme einer Handlung, die im Wege der Ersatzvornahme möglich ist, nicht höchstpersönlich sein[453].

Zudem bewirkt die Rechtsnachfolge in die abstrakte Polizeipflicht lediglich eine Eingriffsermächtigung der Behörde gegen den Erben. Dabei muss die Behörde ermessensfehlerfrei entscheiden, ob sie einen Verwaltungsakt gegen den Erben erlässt. Bei ihrer Ermessensausübung hat sie auch zu berücksichtigen, dass der Erbe nicht selbst der Verursacher der Gefahr ist. Bei persönlichen Pflichten des Erblassers wird ein Eingreifen der Behörde also auf der Ebene der Ermessensabwägung ausgeschlossen. Die abstrakte Polizeipflicht an sich ist aber rechtsnachfolgefähig und ihr Übergang auf den Erben gewährleistet, dass die Behörde eine sachgerechte Entscheidung treffen kann[454].

Für die Nachfolge sprechen auch die wirtschaftlichen Auswirkungen und das Gerechtigkeitsempfinden. Besonders anschaulich zeigt dies eine Abwandlung des Tanklastzugfalles, der dem OVG Münster im Jahr 1964 zur Entscheidung vorlag[455].

Abwandlung des Tanklastzugfalls[456]: E ist Eigentümerin und Halterin eines Tanklastzuges. Das Fahrzeug stürzt mit dem Fahrer K und der E als Beifahrerin auf den Acker des Landwirts L. Bei dem Unfall kommen E und K ums Leben. Aus dem Tanklastzug läuft Öl aus und versickert im Acker des L. Das Öl droht das Grundwasser zu verunreinigen, wenn das Erdreich nicht abgeräumt wird. Die Kosten betragen € 60.000.

---

451 *Möller / Warg*, Allgemeines Polizei- und Ordnungsrecht, S. 97; *Pieroth / Schlink / Kniesel*, Polizei- und Ordnungsrecht, § 9, Rn. 52; *Schenke*, Polizei- und Ordnungsrecht, § 4, Rn. 296.

452 *Götz*, Allgemeines Polizei- und Ordnungsrecht, § 9, Rn. 81; *Schenke*, Polizei- und Ordnungsrecht, § 4, Rn. 292.

453 *Ossenbühl*, NJW 1992, S. 1996; *Stadie*, DVBl. 1990, S. 501, 504.

454 So auch *Stadie*, DVBl. 1990, S. 501, 505 f.; a. A. *Papier*, DVBl. 1996, S. 125, 127.

455 OVG Münster, Urteil vom 3.10.1963, DVBl. 1964, S. 683–685.

456 *Ossenbühl*, NJW 1992, S. 1995.

L trifft als Eigentümer des öldurchtränkten Ackers eine Zustandsverantwortlichkeit. K und E waren zu Lebzeiten Verhaltensstörer i. S. v. § 17 des am Unfallort geltenden, nordrhein-westfälischen OBG. K ist unproblematisch Handlungsstörer als Verursacher der Gefahr, da er den Lastzug gefahren und damit die letzte Bedingung für den Unfall und das Auslaufen und Versickern des Öls gesetzt hat. Die E ist gemäß § 17 Abs. 3 OBG Störerin. Nach dieser Norm ist, wenn jemand bei der Ausführung einer Verrichtung zum Handlungsstörer wird, auch diejenige Person ordnungspflichtig, die ihn zur Verrichtung bestellt hat. K wurde hier in Ausführung des von E erteilten Fahrauftrages ordnungspflichtig. Da die Störereigenschaft verschuldensunabhängig ist, gibt es im Ordnungsrecht auch keine Exkulpationsmöglichkeit entsprechend § 831 Abs. 1 S. 2 BGB.

Es gab also zunächst zwei Handlungsstörer und einen Zustandsstörer. Nach dem Tod der beiden Handlungsstörer kommt es also für die Störerauswahl darauf an, ob der Übergang der abstrakten Polizeipflicht möglich ist oder nicht. Wollte man den Übergang der abstrakten Polizeipflicht bei Verhaltensstörern verneinen, wäre L der einzige verbleibende Störer. L müsste also die gesamten Kosten allein tragen, während die Erben der E den ungeschmälerten Nachlass erhielten. Wäre gegen E hingegen noch vor ihrem Tod ein Verwaltungsakt zur Kostentragung der Ersatzvornahme ergangen, dann wären die € 60.000 aus ihrem Vermögen beglichen worden, nicht aus dem des L.

In derartigen Fallkonstellationen blieben regelmäßig die Zustandsstörer als Kostentragende übrig. Normalerweise aber mutet die Behörde bei der Störerauswahl eher dem Handlungs- als dem Zustandsstörer die endgültige Tragung der Kosten zu[457]. Immerhin ist der Handlungsstörer, der durch sein Verhalten zu dem Schadenseintritt beigetragen hat, moralisch eher verantwortlich als ein Zustandsstörer, der lediglich Eigentümer einer von sich aus ungefährlichen Sache ist und den die Haftung völlig unerwartet trifft.

Das Ergebnis ist offensichtlich ungerecht. Der Störer sollte sich seiner finanziellen Verantwortlichkeit nicht durch den Tod entziehen können. Natürlich können höchstpersönliche Pflichten des Erblassers nicht auf die Erben übergehen[458]. Die Erben können also grundsätzlich nicht durch

457 OVG Münster, Urteil vom 3.10.1963, DVBl. 1964, S. 683, 684.
458 *Ossenbühl,* NJW 1992, S. 1996; *Papier,* DVBl. 1996, S. 125, 128.

Zwangsmaßnahmen dazu veranlasst werden, die Gefahr selbst zu beseitigen. Dies ergibt sich aber zwangsläufig bei einer fehlerfreien Ermessensentscheidung der Behörde. Üblicherweise ist bei dem Auswahlermessen unter mehreren Störern das entscheidende Kriterium die bestmögliche Gefahrbeseitigung. In der Praxis wird von den Behörden nicht erwartet, dass sie die abschließende Kostentragungspflicht eines Störers erkennen und diesen vornehmlich zur Gefahrbeseitigung heranziehen. Sind das Verschulden und damit die Kostentragungspflicht aber offensichtlich, so wäre es ermessensfehlerhaft, von zwei zur Gefahrbeseitigung gleich geeigneten Störern denjenigen auszuwählen, den kein Verschulden trifft. Dieser wäre dann gezwungen, die Kosten von dem anderen Störer einzutreiben, und trüge dessen Ausfallrisiko. Lediglich wenn der herangezogene Störer besser zur Gefahrbeseitigung in der Lage ist, ist es vertretbar, ihm das Ausfallrisiko des Letztverantwortlichen zuzumuten. Denn die Gefahrbeseitigung hat im Ordnungsrecht Priorität.

Auch im öffentlichen Recht kann also der Grundsatz der Kontinuität im Erbrecht helfen, ein sachgerechtes Ergebnis zu finden. Auch bei der Frage nach dem Übergang der abstrakten Polizeipflicht sollte der Vergleich der Ergebnisse mit und ohne den Tod des Verantwortlichen als ein Entscheidungskriterium berücksichtigt werden. Anders als im Zivilrecht, in dem die objektive Rechtslage zu einem eindeutigen Ergebnis führt, gibt es im öffentlichen Recht aber noch die Variable des behördlichen Ermessens. Die Tatsache, dass der eigentliche Störer nicht mehr existiert und der Verwaltungsakt nur noch gegen seinen Rechtsnachfolger ergehen kann, kann auch in der Ermessensentscheidung berücksichtigt werden. Insbesondere wenn der Verwaltungsakt für den Rechtsnachfolger nicht nur, wie es bei einem zivilrechtlichen Schadensersatzanspruch üblich ist, rein finanzielle Konsequenzen hätte, muss man allerdings grundsätzlich davon ausgehen, dass die Pflicht des Störers höchstpersönlich ist und mit seinem Tod untergeht.

VIII. Fazit

1. Die Anwendung des Kontinuitätsgrundsatzes

Im Erbrecht sollen Zufälligkeiten, die durch den Todeszeitpunkt entstehen können, grundsätzlich vermieden werden. Dies ist eine Gerechtigkeitsmaxime, die im BGB an verschiedenen Stellen niedergelegt ist. Die Kontinuitätsmaxime darf daher generell in sämtlichen erbrechtlichen Problemfällen herangezogen werden, um eine gerechte Lösung im Sinne des Gesetzes zu finden.

Die Einhaltung des Kontinuitätsgrundsatzes führt in einigen Fällen dazu, dass gegen den Erben Ansprüche entstehen, für die der Erblasser einen Grund gesetzt hat, deren Voraussetzungen vor dem Tod jedoch noch nicht alle vorlagen. So hat der Erblasser mit der Zeugung eines unehelichen Kindes den Grund gesetzt, der zu einem Unterhaltsanspruch der Mutter nach § 1615 l Abs. 1 BGB führen kann. Die Anspruchsvoraussetzungen sind aber erst bei Entstehung von Kosten oder frühestens sechs Wochen vor der Geburt erfüllt. Stirbt der Verpflichtete, bevor sämtliche Voraussetzungen des Anspruchs vorliegen, so entsteht der Zahlungsanspruch originär gegen den Erben. Ebenso setzt der deliktisch Handelnde einen Verpflichtungsgrund, der bei Hinzukommen aller weiteren Anspruchsvoraussetzungen auch gegen seinen Erben zum Anspruch führen kann. Die dogmatische Konstruktion ist nicht neu, da sie beispielsweise durch § 1615 l Abs. 3 S. 4 BGB oder die Möglichkeit des postmortalen Vertragsschlusses im BGB geregelt ist. Entscheidend ist, ob die Entstehung des Anspruchs gegen den Erben rechtlich gewünscht ist.

In schwierigen Fällen sollte also immer geprüft werden, ob ein mögliches Ergebnis vom Zeitpunkt des Todes des Erblassers beeinflusst wird. Sämtliche möglichen Todeszeitpunkte und sämtliche möglichen Reihenfolgen der Sterbefälle sollten zum Zwecke einer Ergebniskontrole untersucht werden. Ein Ergebnis, das je nach hypothetischem Todeszeitpunkt oder nach hypothetischer Reihenfolge der Todesfälle unterschiedlich ausfällt, sollte genau analysiert werden. In manchen Fällen gibt es sachliche Gründe, warum der Todeszeitpunkt die Rechtslage verändert[459]. In anderen Fällen ist es unmöglich, den Einfluss des Zufalls gesetzgeberisch auszuschalten[460]. Grundsätzlich muss aber immer ein Ergebnis bevorzugt werden, das in sämtlichen denkbaren Szenarien von Todeszeitpunkten und -reihenfolgen kontinuierlichen Bestand hat. Insbesondere wenn ein mögliches Ergebnis nur bei Versterben in einem bestimmten Zeitfenster möglich ist, aber bei

459 So z.B. bei § 153 BGB a. E., siehe dazu § 3 IV.

460 So etwa, wenn ganze Stämme aussterben. Die Unterschiede des Verbleibs des Nachlasses sind dann unvermeidbar. Siehe dazu § 3 II.

einem Erbfall vor und nach dieser Zeitspanne anders ausfallen würde, ist es geboten, die verschiedenen möglichen Ergebnisse unter Billigkeitsgesichtspunkten zu überprüfen. Bei einer komplexen, gesetzlich nicht eindeutig geregelten Rechtslage muss man sich also die Frage stellen, wie das Ergebnis ausfallen würde, wenn der Erblasser etwas früher gestorben wäre oder weitergelebt hätte.

Wenn der Erblasser eine deliktische Handlung begangen hat, die erst nach seinem Tode einen Schaden hervorgerufen hat, kann man die Frage eines Ersatzanspruches anhand der Kontinuitätsmaxime eindeutig beantworten. Hätte der Erblasser bis nach dem Schadenseintritt weitergelebt, so wäre er zum Ersatz des entstandenen Schadens verpflichtet gewesen. Wäre er kurz nach Schadenseintritt verstorben, dann wäre also die Ersatzverpflichtung im Wege der Gesamtrechtsnachfolge auf den Erben übergegangen.

Wäre der Erblasser vor Begehung der deliktischen Handlung gestorben, so wäre kein Schaden eingetreten. Der Erbe müsste dann also für keinen Anspruch im Nachlass haften. Es gäbe aber auch keinen Geschädigten und keinen zu ersetzenden Schaden. Das Ergebnis für den Übergang der deliktischen Handlung lässt sich also mit einer Probe anhand der unterschiedlichen Ergebnisse eindeutig bestimmen. Wenn der Schaden vom Erben zu ersetzen wäre, falls der Erblasser bis zum Schadenseintritt weitergelebt hätte, dann muss er auch vom Erben ersetzt werden, wenn der Erblasser zufällig vor Schadenseintritt verstorben ist. Sollte der Schadensersatzanspruch auch bei hypothetischem Weiterleben des Erblassers entweder nicht entstehen oder trotz Entstehen eventuell nicht gegen den späteren Erben geltend gemacht werden können, so sollte der Erbe nicht haften, auch wenn der Erblasser die deliktische Handlung vor seinem Tode vollendet hatte. Die Frage des Übergangs der deliktischen Handlung muss also immer von der Lösung des hypothetischen Versterbens des Erblassers erst nach dem Schadenseintritt abhängig gemacht werden.

2. Wertung des Ergebnisses

Die Frage der Vererblichkeit der deliktischen Handlung ist letztlich die Frage danach, wer den entstehenden Schaden wirtschaftlich zu tragen hat. Verneinte man die Vererblichkeit der deliktischen Handlung, müsste der Geschädigte seinen Schaden selbst tragen. Ihm stünde ein Erbe gegenüber, der eine ungeschmälerte Erbschaft erhielte. Wäre der Erblasser jedoch kurz nach Eintritt des Schadens gestorben, so hätte der Geschädigte einen Ersatzanspruch gegen den Erben. Es wäre wertungsmäßig nicht zu rechtfertigen, den Geschädigten wegen des zufälligen, von der abgeschlossenen deliktischen Handlung völlig unabhängigen Todeszeitpunktes vor Schadenseintritt leer ausgehen zu lassen. Der Erbe hat die Möglichkeit, die Erbschaft auszuschlagen. Diese Möglichkeit hat er, wann auch immer er von den Lasten der Erbschaft erfährt. Der Erbe steht also bei einem späteren Schadenseintritt nicht schlechter als bei einem bereits im Zeitpunkt des Erbfalls bestehenden Schadensersatzanspruch. Würde man dem Geschädigten bei einem späteren Eintritt des Schadens den Ersatzanspruch gegen den Erben verweigern, so wäre der Geschädigte ungerechterweise benachteiligt, der Erbe durch die fehlende Belastung der Erbschaft hingegen bevorzugt.

Sehr deutlich wird dies an einem Beispiel der bewussten Ausnutzung:

Beispiel: Der reiche Erblasser verschickt eine Briefbombe und begeht Suizid, bevor der Brief sein Opfer erreicht. Der Empfänger verliert durch die Explosion beide Hände.

In diesem Fall wird kaum jemand erwarten, dass dem Opfer kein Ersatzanspruch zustehe, nur weil der Schädiger bereits vor Schadenseintritt verstorben war. Es wäre zynisch, dem Erben die ungeschmälerte Erbschaft zuzusprechen, weil im Zeitpunkt der Gesamtrechtsnachfolge noch kein Schadensersatzanspruch bestand.

Moralisch diffiziler sind Fälle, bei denen der Schaden ohne Schädigungsabsicht durch einen Selbstmord ausgelöst wird. In einigen Fällen wirkt es pietätlos, den trauernden Angehörigen zuzumuten, neben dem Verlust nun auch noch Schadensersatzforderungen erfüllen zu müssen. Besonders problematisch sind Fälle, bei denen es nicht einmal um Ersatz eines materiellen Schadens geht:

Lokführer-Fall[461]: Der Erblasser begeht Suizid, indem er sich vor einen Zug wirft. Der Lokführer bemerkt dies erst nach dem Tod des Erblassers, erleidet aber dennoch einen Schockschaden.

---

461 Fall des LG Nürnberg-Fürth nach FAZ vom 20.9.2011, S. 11. Siehe auch oben in der Einleitung.

Bei derartigen Selbstmorden, die im Schienenverkehr sehr häufig vorkommen, wird oft aus Pietätsgründen kein Schadensersatz von den Angehörigen gefordert[462]. Die Kontinuitätsmaxime, nach der lediglich der Tod des unerlaubt Handelnden hinweggedacht wird, muss dagegen zu einer Ersatzpflicht der Erben kommen. Die Probe der Schadensersatzpflicht unter der Prämisse, der Erblasser hätte bis zum Entstehen des Schadens weitergelebt, wirkt in diesem Fall aber sehr konstruiert. Denn wäre der Schädiger nicht gestorben, würde der Lokführer nicht darunter leiden, jemanden getötet zu haben. Der Tod des unerlaubt Handelnden scheint hier nicht hinweggedacht werden zu können. Wäre der Erblasser durch die deliktische Handlung nicht zu Tode gekommen, so wäre der Schaden nicht oder nur vermindert entstanden. Der Lokführer leidet gerade darunter, dass ein Mensch zu Tode gekommen ist. Hier stehen die deliktische Handlung und der Tod in untrennbarem Zusammenhang. Es scheint, als sei der Tod die Ursache des Schadens.

Der Tod wirkt in diesem Fall zweifach. Zum einen ist er Grund der Anspruchsentstehung, da er das Trauma des Lokführers auslöst. Zum anderen beendet er die Rechtsfähigkeit des Schädigers. Hinweggedacht werden soll der Tod aber nur in Bezug auf das Ende der Rechtsfähigkeit. Die Frage ist, ob der Handelnde haften würde, wenn er weiter Träger von Rechten und Pflichten wäre. Wenn er noch lebte, dann müsste er für den Schaden, der einem anderen durch seinen Tod entstanden ist, aufkommen, ebenso, wie er für das Trauma des Lokführers aufkommen müsste, wenn er seinen Tod nur vorgetäuscht hätte. Es sind auch Fälle denkbar, in denen der Lokführer bereits durch schwere, aber noch nicht tödliche Verletzungen traumatisiert wird. Es wäre paradox, wenn der Lokführer von einem schwer verletzt Überlebendenden für sein Trauma Ersatz verlangen könnte, bei dem größeren Trauma, jemanden getötet zu haben, aber keine Ansprüche hätte.

Wiederum ist der Tod des unerlaubt Handelnden nicht Grund genug, eine Schadensersatzpflicht entfallen zu lassen, auch wenn der Ersatztatbestand erst nach dem Tod vollständig erfüllt wird. Zwar wäre ohne den Tod der Schaden nicht eingetreten, doch ein Wiederauferstehen des Erb-

---

462 http://www.faz.net/aktuell/gesellschaft/nach-suizid-eines-jugendlichen-lokfuehrer-erhaelt-schmerzensgeld-von-eltern-11289927.html, zuletzt geprüft am 20.11.2015.

lassers würde dem Lokführer nicht das Trauma nehmen und nicht rückwirkend die Kopfschmerzen beseitigen. Die Kontinuitätsmaxime vergleicht nicht etwa ähnlich der *condicio-sine-qua-non*-Formel die Situation mit und ohne Versterben des Verursachers, sondern sie bezieht sich darauf, den Tod als Hinderungsgrund des Anspruchs, als Verlust der Rechtsfähigkeit des deliktisch Handelnden, hinwegzudenken.

Die Kontinuitätsmaxime, die verlangt, dass die Rechts- und Pflichtenlage der Parteien vom Todeszeitpunkt unabhängig ist, führt insbesondere bei unvollendeten Deliktstatbeständen zu gerechten Ergebnissen. Der Geschädigte muss von den Erben des Verursachers Ersatz seines Schadens verlangen können, wie er ihn vom Verursacher selbst bekommen hätte.

§ 5. Die verschiedenen Haftungstatbestände

Es wurde gezeigt, dass der Erbe grundsätzlich für Schäden haftet, für die der Erblasser eine Ursache gesetzt hat, auch wenn sie erst nach dem Erbfall entstehen. Die verschiedenen Haftungstatbestände haben aber unterschiedliche Voraussetzungen und können bei der Frage der Haftung für nach dem Erbfall entstehende Schäden unterschiedliche Lösungen erfordern. Hier sollen die strukturellen Unterschiede der Haftungsnormen und die sich daraus ergebenden Besonderheiten dargestellt werden.

I. Die Verschuldenshaftung

Die Verschuldenshaftung knüpft an eine rechtswidrige, schuldhafte Handlung des Schädigers an.

1. Die Haftung für aktives Tun

Eine rechtswidrige, schuldhafte deliktische Handlung führt zu einer Schwebelage, die im Wege der Gesamtrechtsnachfolge auf den Erben übergeht. Durch die Handlung wurde eine Gefahrensituation geschaffen, für die das Vermögen des Verantwortlichen auch nach seinem Tod haften muss, wenn sich die Gefahr realisiert. Der Haftungsgrund für die Ersatzpflicht ist bereits mit Abschluss der deliktischen Handlung gesetzt[463]. Wenn später ein Schaden entsteht, für den der Erblasser zu Lebzeiten hätte einstehen müssen, so rührt die Ersatzpflicht i. S. d. § 1967 BGB vom Erblasser her. Entscheidend ist, ob der Erblasser, wenn er weitergelebt hätte, den Schaden hätte ersetzen müssen. Dann muss nach dem Tod der Nachlass weiterhin für den Schadensausgleich zur Verfügung stehen. Der Erblasser muss den Schaden als Erblasserschuld ersetzen.

Problematisch kann die Prüfung der Verantwortlichkeit dann sein, wenn nach Abschluss der Handlung eine Entwicklung stattgefunden hat, durch die sie deliktisch qualifiziert werden kann. Äußere Umstände können sich nach der Handlung des Verursachers geändert haben, sowohl vor als

463 LG Freiburg, JW 1938, S. 1819, 1820.

auch nach seinem Tod. Dadurch kann fraglich sein, wie eine Handlung des Erblassers rückblickend zu bewerten ist. Eventuell war die Handlung im Zeitpunkt der Vornahme noch harmlos. Manchmal entwickelt sich die Gefährlichkeit erst im Laufe der Zeit.

Dies soll an dem bereits geschilderten Sprengkapsel-Fall[464] verdeutlicht werden. Ob der Erblasser Lebrecht St. eine für den Verletzungserfolg adäquat kausale unerlaubte Handlung beging, indem er Sprengkapseln in die unverschlossene Schublade legte, hängt maßgeblich von der damaligen Situation im Haushalt ab. Wenn man annimmt, Lebrecht St. habe die Sprengkapseln kurz nach der Geburt von Siegfried St. in die Schublade gelegt, musste er bei dieser Handlung nicht damit rechnen, dass das Kind die Sprengkapseln an sich nimmt. Das Älterwerden des Jungen könnte als ein Hinzutreten weiterer Umstände gewertet werden. Allerdings handelt es sich dabei um den üblichen Verlauf der Dinge. Es ist jedermann bewusst, dass ein Kind älter und agiler wird. Fraglich ist also, wie weit man dies bei seinem Verhalten berücksichtigen muss. Einen Haushalt mit einem Säugling muss man noch nicht kindersicher machen. Erst wenn das Kind selbständiger wird, sind Sicherheitsmaßnahmen zu treffen.

Eventuell ist das ungesicherte Aufbewahren von Sprengkapseln also noch nicht als unerlaubte Handlung zu qualifizieren, die adäquat kausal für den Erfolg einer Verletzung durch spielende Kinder ist. Waren die Sprengkapseln etwa bereits seit dem Säuglingsalter des Kindes in der Schublade, ist der Schädiger eher für das Unterlassen nachträglicher Sicherungsmaßnahmen verantwortlich[465]. Auch diese Verantwortung muss ihn aber noch zu Lebzeiten getroffen haben. Anderenfalls liegt keine unerlaubte Handlung vor, die vererbt werden kann. Dann können die Erben lediglich wegen Verletzung eigener Aufsichtspflichten verantwortlich sein, möglicherweise auch wegen Verletzung einer Sorgfaltspflicht, den Nachlass auf Gefahrenquellen zu untersuchen.

Ähnlich wäre der Fall, wenn der Erblasser die Sprengkapseln in einem kinderlosen Haushalt aufbewahrt. Wenn ohne sein Wissen ein Kind zu Besuch kommt, ist fraglich, ob sein ungesichertes Lagern der Sprengkapseln noch adäquat kausal ist, falls dieses Kind in sein Büro geht und Sprengkapseln aus seiner Schreibtischschublade nimmt. Das Aufbewahren der

464 RG Urteil vom 10.2.1942, HRR 1942, Nr. 522. Siehe oben die Einleitung.
465 Zur Vererblichkeit deliktischen Unterlassens siehe unten § 5 I 2.

Sprengkapseln in der Schublade ist dann nicht adäquat kausal. Erst das Hinzutreten weiterer Umstände, der unerwartete Besuch, führte zu einem Schaden. In diesem Fall sind die Aufsichtspflichtigen des Kindes zumindest verantwortlicher als der Erblasser.

Die Handlung des Erblassers muss also so geprüft werden, wie sie sich im Zeitpunkt ihrer Begehung dargestellt hat. Wenn damals noch kein Verletzungserfolg absehbar war, dann ist sie nicht als unerlaubte Handlung zu qualifizieren. Möglich ist dann ein pflichtwidriges Unterlassen des Erblassers, indem er die von ihm geschaffene Situation, wenn sie sich als gefährlich herausstellt, nicht beseitigt. Dafür ist ein Nichthandeln trotz Möglichkeit erforderlich. Dies ist offensichtlich nicht gegeben, wenn der Erblasser im Zeitpunkt der Erkennbarkeit der Gefahr bereits verstorben war und ebenso wenig, wenn er in diesem Zeitpunkt im Koma lag.

2. Die Haftung für Unterlassen

Die Haftung für deliktisches Unterlassen wirft bei der Rechtsnachfolge besondere Probleme auf. Hier entsteht nicht durch abgeschlossenes Tun eine Gefahr, die sich nach dem Tod des Verursachers realisiert. Bei einem deliktischen Unterlassen besteht ein dauerhafter Gefahrzustand. Das Unterlassen muss bis zum Eintritt des Schadens andauern[466]. Haftungsauslösend ist also nicht ein punktuelles Ereignis bzw. eine positives Tun, die eine Gefahrenlage schafft, für die der Erblasser später noch einstehen muss. Damit die Gefahrenlage bestehen bleibt, muss das gebotene Tun auch über den Tod hinaus, bis zum Schadensereignis, unterlassen werden. Da das Unterlassen ein dauerhaftes Nichtstun bedeutet, ist nicht nur fraglich, ob die vom Erblasser geschaffene Gefahrenlage auf den Erben übergeht, sondern auch, ob nicht ein anderer, den man gleichfalls für eine Unterlassung verantwortlich machen kann, nach dem Erbfall für die Gefahrensituation haftet.

Die Frage, ob ein deliktisches Unterlassen vererblich ist, muss genauso wie die Frage der Vererblichkeit eines deliktischen Tuns bejaht werden. Das Unterlassen ist rechtlich dem aktiven Tun gleichgestellt[467]. Oft fällt

466 *Boehmer,* JW 1938, S. 2634, 2638.

467 *Medicus / Petersen,* Bürgerliches Recht, Rn. 642; *Musielak / Hau,* Grundkurs BGB, Rn. 1164.

es sogar schwer zu entscheiden, ob eine Haftung an ein Handeln oder ein Unterlassen anknüpfen soll[468]. Verwendet beispielsweise der Betreiber einer Schiffschaukel eine ungeeignete Schraube, durch die es zu einer Verletzung kommt[469], könnte man sowohl auf ein Handeln als auch auf ein Unterlassen abstellen. Man kann dem Betreiber ein Tun vorwerfen, indem er eine falsche Schraube benutzte. Man kann aber ebenso sagen, er habe es unterlassen, die richtige Schraube einzubauen. Diese beliebig austauschbaren Betrachtungsweisen dürfen nicht zu unterschiedlichen rechtlichen Ergebnissen führen[470]. Insofern ist es wichtig, die juristischen Folgen des deliktischen Tuns und Unterlassens gleich zu gestalten.

Wenn also ein Erblasser zu seinen Lebzeiten ein gebotenes Tun unterlässt, muss dies ebenso eine übergangsfähige Schwebelage begründen wie ein deliktisches Tun. Auch bei einem Unterlassen darf der zufällige Tod des Verantwortlichen vor Schadenseintritt nicht dazu führen, dass der Geschädigte keinen Anspruch erlangt. Grundsätzlich lässt sich also wie bei dem deliktischen Tun sagen, dass ein Ersatzanspruch als Nachlassverbindlichkeit entsteht, soweit er bei hypothetischem Weiterleben des Schädigers entstanden wäre. Natürlich wird bei dieser Betrachtung ausschließlich der Tod des Erblassers hinweggedacht. Es darf nicht darüber spekuliert werden, ob er im Falle seines Weiterlebens das gebotene Tun noch vorgenommen hätte, was den Schadenseintritt verhindert hätte. Für eine Haftungsbegründung genügt es, dass der Verantwortliche einmal das gebotene Tun schuldhaft unterlassen hat. Er kann gegen die Haftung nicht einwenden, er habe es später vornehmen wollen, sei aber dann bis zum Schadenseintritt tatsächlich daran gehindert gewesen.

Allerdings kann der durch ein Unterlassen in Gang gesetzte Kausalverlauf unterbrochen werden, wenn die Verantwortlichkeit auf eine andere Person übergeht. Es muss also geprüft werden, ob bzw. ab wann der Erbe soweit in die Rechtsstellung des Erblassers eingetreten ist, dass es auf sein eigenes Unterlassen ankommt. Ab dem Zeitpunkt, zu dem der Erbe selbst zum Tätigwerden verpflichtet ist, muss ein Anspruch für den durch Unterlassen

---

468 *Medicus / Petersen,* Bürgerliches Recht, Rn. 644; *Musielak / Hau,* Grundkurs BGB, Rn. 1214 f.

469 Beispiel nach *Musielak / Hau,* Grundkurs BGB, Rn. 1214.

470 *Musielak / Hau,* Grundkurs BGB, Rn. 1218.

verursachten Schaden direkt gegen den Erben entstehen und nicht mehr als Nachlassverbindlichkeit.

Ob der Erbe für eigenes Unterlassen verantwortlich ist, hängt zunächst davon ab, ob ihn selbst eine Verkehrssicherungspflicht trifft. Das Unterlassen wird dann dem aktiven Tun gleichgestellt, wenn der Haftende zum Tätigwerden verpflichtet war[471]. Die Haftung für deliktisches Unterlassen erfordert eine Verkehrssicherungspflicht. Dazu genügt bereits die Pflicht, sein Verhalten im Verkehr so einzurichten, dass andere nicht gefährdet werden[472]. Das Erfordernis einer Verkehrssicherungspflicht schränkt den Personenkreis ein, der für einen durch Unterlassen entstehenden Schaden haftbar gemacht werden kann[473]. Das Landgericht Freiburg ging in seinem Treppensturzurteil[474] davon aus, für die Erben habe keine Rechtspflicht zur Instandsetzung bestanden, da sie im Zeitpunkt des Unfalls noch nicht bekannt waren und sie daher nichts von dem Zustand des geerbten Hauses wussten[475]. Ab dem Erbfall habe es deshalb keine zum Handeln verpflichtete Person gegeben.

Dagegen muss aber eingewandt werden, dass das Vorliegen einer Verkehrssicherungspflicht nicht vom Wissen des Verpflichteten abhängt[476]. Der Eigentümer und der Besitzer einer Sache sind dafür verantwortlich, Gefahren, die von dieser Sache ausgehen, einzuschränken[477]. Die objektive Pflicht besteht auch, wenn der Verantwortliche sich der Pflicht nicht bewusst ist. Eine solche Pflicht, etwa zur Instandsetzung eines geerbten Gebäudes, nicht zu erfüllen, ist darum objektiv pflichtwidrig und rechtswidrig[478].

Wenn jedoch der objektiv Verpflichtete den Sachverhalt nicht kennt, durch den er zu einem Tun verpflichtet ist, ist schon zweifelhaft, ob überhaupt ein rechtserhebliches Unterlassen vorliegt[479]. Man kann bei Unkennt-

---

471 *Medicus / Petersen,* Bürgerliches Recht, Rn. 642.
472 *Medicus / Petersen,* Bürgerliches Recht, Rn. 642.
473 *Larenz / Canaris*, § 76 III 4, S. 412; *Medicus / Petersen,* Bürgerliches Recht, Rn. 646.
474 LG Freiburg, Urteil vom 11.3.1938, JW 1938, S. 1819–1821. Sachverhaltsdarstellung siehe oben in der Einleitung II 1.
475 LG Freiburg, JW 1938, S. 1819.
476 *Boehmer,* JW 1938, S. 2634, 2639.
477 *Larenz / Canaris*, § 76 III 3 a, S. 404 f.
478 *Boehmer,* JW 1938, S. 2634, 2639.
479 *Boehmer,* JW 1938, S. 2634, 2640 f.

nis von der die Handlungspflicht begründenden Sachlage bereits verneinen, dass er rechtserheblich ein Tun unterlässt[480]. Ein deliktisches Unterlassen ist mehr als ein bloßes „Unterbleiben“; es verlangt eine „wirkliche negative Handlung“[481]. Ein bloßes Nichtstun, ohne Bewusstsein der Situation, ist ein rechtliches Nichts, das nicht den Charakter einer negativen Handlung erfüllt[482]. Solange der Erbe noch keine Kenntnis vom Erbfall hat, kann er sich eventueller Handlungspflichten noch nicht bewusst sein. Es liegt kein rechtserhebliches Unterlassen vor, wenn ihm das Bewusstseinsmoment fehlt[483]. Bei fehlender Kenntnis des Erben von der Erbschaft ist zudem das Verschulden zu verneinen. Verschulden bedeutet Tun oder Unterlassen mit Vorsatz oder Fahrlässigkeit gemäß § 276 BGB[484]. Vorsatz verlangt Wissen und Wollen hinsichtlich der maßgeblichen Umstände des Tatbestandes[485]. Bei der Deliktshaftung muss sich der Vorsatz auf die Rechtsgutsverletzung beziehen[486]. Wer die Umstände, aus denen sich eine Verhaltenspflicht ergibt, nicht kennt, der kann das gebotene Verhalten nicht wissentlich unterlassen[487]. Nach der herrschenden Vorsatztheorie gehört zum Vorsatz sogar das Bewusstsein der Pflichtwidrigkeit des Verhaltens. Der objektiv Verpflichtete muss demnach auch wissen, dass er gegen gesetzliche Pflichten verstößt[488]. Auch Fahrlässigkeit ist bei vollständiger Unkenntnis der Situation ausgeschlossen. Das fahrlässige Unterlassen eines gebotenen Tuns kommt allenfalls dann in Betracht, wenn der Verantwortliche es entgegen der erforderlichen Sorgfalt unterlassen hat, sich über eventuelle Handlungspflichten zu informieren. Der Erbe, der von seiner Erbschaft noch nichts weiß, kann nicht fahrlässig in Bezug auf Erbschaftsgegenstände gebotenes Tun unterlassen. Erst wenn er Kenntnis von der Erbschaft hat, wird es der im Verkehr erforderlichen Sorgfalt entsprechen, sich darüber zu informieren, welche Gegenstände

---

480 So *Boehmer,* JW 1938, S. 2634, 2640 f.
481 So *Boehmer,* JW 1938, S. 2634, 2640.
482 So *Boehmer,* JW 1938, S. 2634, 2640.
483 *Boehmer,* JW 1938, S. 2634, 2640 f.
484 *Fuchs,* Delikts- und Schadensersatzrecht, S. 82 ff.; *Musielak / Hau,* Grundkurs BGB, Rn. 1221.
485 *Musielak / Hau,* Grundkurs BGB, Rn. 517.
486 *Medicus / Petersen,* Bürgerliches Recht, Rn. 623.
487 *Musielak / Hau,* Grundkurs BGB, Rn. 517.
488 *Musielak / Hau,* Grundkurs BGB, Rn. 517.

die Erbschaft enthält und ob eventuell ein Handeln zur Gefahrvermeidung erforderlich ist. Bis der Erbe soweit über die Umstände informiert ist, dass er selbst rechtserheblich und deliktisch unterlassen kann, entsteht bei Schadenseinritt eine Erblasserschuld, sofern sie bei einem deliktischen Tun des Erblassers entstünde.

II. Die Haftung für vermutetes Verschulden

Bei einer Haftung für vermutetes Verschulden muss der Erbe den Nachweis führen, dass den Erblasser kein Verschulden traf. Gelingt dieser Nachweis nicht, so besteht der Anspruch auf Schadensersatz. Die Frage, ob dem Erblasser selbst bei Weiterleben der Nachweis gelungen wäre, ist rein hypothetischer Natur. Tatsächlich soll der Erbe nur Schäden ersetzen, die der Erblasser selbst, wenn er weitergelebt hätte, auch hätte ersetzen müssen. Wenn also dem Erblasser im Falle seines Weiterlebens der Entlastungsbeweis gelungen wäre, dürfte gegen den Erben kein Schadensersatzanspruch entstehen. Steht aber fest, dass dem Erblasser der Entlastungsbeweis gelungen wäre, ist dadurch die Verschuldensvermutung widerlegt, es besteht also kein Anspruch.

In der Praxis kann es bei der Haftung für vermutetes Verschulden vorkommen, dass gegen den Erben ein Schadensersatzanspruch entsteht, obwohl dem Erblasser selbst gegen diesen Anspruch der Entlastungsbeweis gelungen wäre, so etwa wenn der Erblasser bessere Kenntnis der Geschehensabläufe hatte, weil er an ihnen persönlich beteiligt war. Schließlich wird das Verschulden vermutet, und die Ersatzpflicht soll gerade nur in dem Ausnahmefall eines gelungenen Entlastungsbeweises ausbleiben. Wenn der Entlastungsbeweis tatsächlich nicht geführt werden kann, so tritt die Haftung ein. Theoretisch wäre es sogar umgekehrt möglich, dass gerade wegen des Todes des Erblassers der Entlastungsbeweis geführt werden kann, etwa wenn die Todesnachricht Entlastungszeugen dazu veranlasst, sich zu melden. Dann würde der Erbe nicht haften, obwohl der Erblasser, wäre er nicht gestorben, die Verschuldensvermutung nicht hätte widerlegen können. Tatsächlich ist es dann so, dass gegen den Erblasser ein Ersatzanspruch entstanden wäre, gegen den Erben aber keiner entsteht.

Diese Ergebnisse liegen in der Natur der Haftung für vermutetes Verschulden. Es handelt sich bei der Verschuldensvermutung um eine Regelung zur

Verteilung der Beweislast[489]. Das Risiko, die Tatsachen, die eine Haftung auslösen oder verhindern, nicht beweisen zu können, soll der Handelnde tragen, nicht der Geschädigte. Es ist dabei irrelevant, aus welchen Gründen er den Beweis nicht führen kann. Falls er ihn deshalb nicht führen kann, weil er verstorben ist und sein Erbe nicht die gleichen Beweismöglichkeiten hat, so ist der Beweis eben nicht geführt. Der Erbe kann nicht einwenden, ihm sei zwar die Beweisführung unmöglich, aber der Erblasser hätte das vermutete Verschulden widerlegen können. Der Erblasser kann die Verschuldensvermutung nur dann ausräumen, wenn den Erben kein Verschulden traf. Wenn aber nicht bewiesen ist, dass ihn kein Verschulden traf, kann auch nicht angenommen werden, dass er es hätte widerlegen können. Solange die Widerlegung nicht gelingt, wird das Verschulden weiter vermutet, und es entsteht ein Ersatzanspruch.

Wird aber der Beweis durch den Erben geführt, so ist die Verschuldensvermutung widerlegt und die Haftung tritt nicht ein. Der Geschädigte kann dagegen nicht etwa einwenden, der Beweis sei nur aufgrund des zufälligen Todes des Erblassers gelungen. Über die Haftungsfrage entscheiden die tatsächlichen Umstände, sofern sie bewiesen werden können. Wenn in einem Fall die Widerlegung der Verschuldensvermutung von dem Überleben des Verantwortlichen abhängt, scheint dessen zufälliger Todeszeitpunkt die Haftungslage zu verändern. In Wahrheit hängen die unterschiedlichen Ergebnisse bei Weiterleben oder Tod des Erblassers nicht vom Todeszeitpunkt, sondern von den dadurch veränderten tatsächlichen Gegebenheiten ab. Wenn der Tod des Erblassers Einfluss auf die Beweismöglichkeiten hat, muss dies berücksichtigt werden. Hier führt nicht der zufällige Todeszeitpunkt zu einer anderen rechtlichen Bewertung, sondern durch den Tod ändern sich die Möglichkeiten der Beweisführung und damit der rechtlich zu würdigende Sachverhalt. Die unterschiedlichen Ergebnisse entstehen somit nicht etwa unter Verstoß gegen die Kontinuitätsmaxime im Erbrecht.

III. Die Gefährdungshaftung

Gefährdungshaftung ist die Haftung für Schäden, die aus einer erlaubten Gefahr entstehen. Sie verlangt weder Widerrechtlichkeit noch Verschulden. Der Haftende muss also keine unerlaubte Handlung begehen. Bei einer

---

489 *Belling*, in: Staudinger, § 831 Rn. 60; *Looschelders*, S. 584 f.

Schadensentstehung nach dem Erbfall wird daher für eventuelle Ansprüche aus Gefährdungshaftung kein Übergang einer deliktischen Handlung geprüft werden. Wenn der Gefahrverursacher vor Eintritt eines Schadens stirbt, ist die Haftung seines Erben aber genauso problematisch wie die des Erben eines deliktisch Handelnden. In beiden Fällen löst ein Verhalten des Erblassers erst nach seinem Tod einen Schaden aus. Bei der unerlaubten Handlung begeht der Erblasser eine widerrechtliche, schuldhafte Handlung oder Unterlassung. Bei der Gefährdungshaftung schafft er eine erlaubte Gefahr, die später zum Schaden führt. In beiden Fällen muss geklärt werden, ob und unter welchen Voraussetzungen aufgrund der vom Erblasser geschaffenen Situation ein Anspruch gegen den Erben entstehen kann.

Die Situationen, die eine Gefährdungshaftung auslösen können, lassen sich in zwei Fallgruppen einteilen. Es gibt zum einen Tatbestände der Gefährdungshaftung, die die Haftung an eine durch eine abgeschlossene Handlung verursachte Gefahrensituation anknüpfen. Zum anderen gibt es Tatbestände, die bei dauerhaftem gefährdenden Verhalten eine Ersatzpflicht desjenigen vorsehen, der im Moment des Schadenseintritts für die Gefahrenquelle verantwortlich war[490]. Dazu gehören etwa die Tatbestände der Halter- und Inhaberhaftung.

1. In abgeschlossenen Gefahrensituationen

Die Herstellerhaftung beruht, wie die Haftung für eine deliktische Handlung, auf einem bereits vor Schadenseintritt abgeschlossenen Verhalten. Nach § 1 Produkthaftungsgesetz muss der Hersteller die Schäden ersetzen, der durch ein Produkt entstanden sind. Hier liegen die schadensauslösende Handlung, das Herstellen und In-Verkehr-Bringen des Produkts und das Schadensereignis naturgemäß zeitlich auseinander. Üblicherweise wird das Produkt einem Händler ausgeliefert und verursacht erst später beim Erwerber einen Schaden. Das Herstellen des Produkts muss in diesem Fall eine Schwebelage begründen, die auf den Rechtsnachfolger übergeht. Wenn der Haftungsgrund allein in der Schaffung einer Gefahrensituation liegt, die sich später realisiert, ist der Fall genauso zu lösen wie bei der unerlaubten

490 Ähnlich die Unterscheidung zwischen normalen Deliktsfällen und Dauerhandlungen bei *Boehmer*, JW 1938, S. 2634, 2637 ff.

Handlung, deren Gefährlichkeit sich nach dem Tode realisiert. Der später entstehende Schaden begründet eine vom Erblasser gemäß § 1967 BGB „herrührende“ Verbindlichkeit.

2. Bei dauerhaftem Gefahrzustand

Problematischer ist die Entstehung der Ersatzpflicht des Erben in den Fällen der Halter-, Betreiber- oder Inhaberhaftung. Diese Haftungstatbestände richten sich eigentlich gegen den im Zeitpunkt des Schadenseintritts aktuellen Verantwortlichen. Ein Halter ist nicht wegen einer punktuellen Gefahrschaffung zum Ersatz verpflichtet, sondern aufgrund seines dauerhaften verantwortungsbelasteten Stellung[491]. Ähnlich der Haftung für deliktisches Unterlassen[492] kann sich die Person des Verantwortlichen im Laufe der Zeit ändern. Es muss also untersucht werden, wer im Zeitpunkt des Schadenseintritts die relevante Person, der aktuell verantwortlich Unterlassende bzw. der Halter, Betreiber oder Inhaber ist.

Nach § 833 BGB muss der Halter eines Haustieres den durch das Tier verursachten Schaden ersetzen. Fraglich ist also, wer den Schaden trägt, wenn der Halter vor der Schadensverursachung verstorben ist. Halter des Tieres ist derjenige, der normalerweise über das Tier bestimmen kann (Bestimmungsmacht), der aus eigenem Interesse für die Kosten (Unterhaltung) des Tieres aufkommt, dem allgemein die Vorteile des Tieres (Wert und Nutzen) zugutekommen und der das wirtschaftliche Risiko des Verlustes des Tieres (Verlustrisiko) trägt[493].

Der Erblasser ist mit dem Tode nicht mehr Halter[494]. Wenn das Tier bereits vor der Schadensverursachung einen neuen Halter hat, ist dieser Anspruchsgegner des § 833 BGB. Eventuell wird der Erbe aber nicht sofort nach dem Tod Halter[495]. Wenn der Erbe noch nichts von seiner Erbschaft

---

491 *Marotzke*, in: Staudinger, § 1967 Rn. 23.

492 Siehe dazu unten § 5 I 2.

493 *Schaub*, in: Prütting, § 833 Rn. 6; *Teichmann*, in: Jauernig, § 833 Rn. 3; *Wagner*, in: MüKo, § 833 Rn. 23.

494 *Weimar*, MDR 1971, S. 369.

495 So die h. M., *Marotzke*, in: Staudinger, § 1967 Rn. 23; *Klook*, Die überschuldete Erbschaft, S. 104 f.; *Weimar*, MDR 1971, S. 369. A. A. *Eberl-Borges*, VersR 1996, S. 1070, 1072 f., 1075 wonach die Haltereigenschaften für den

weiß, fehlt ihm die tatsächliche Einwirkungsmöglichkeit auf das Tier[496]. Eine Ansicht will dem Erben jedoch die Entscheidungsgewalt zurechnen, wenn nach dem Erbfall die Herrschaft über das Tier von niemandem oder von einem Geschäftsführer ohne Auftrag ausgeübt wird[497]. Nach dieser Meinung müssen sämtliche Kriterien der Haltereigenschaft für die spezielle Situation des Erbfalls besonders interpretiert werden: Die vom Erblasser ausgeübte Nutzung im Eigeninteresse entfalle zwar mit dessen Tode. Dies dürfe aber nicht zu einer Halterlosigkeit des Tieres führen. Ebenso wie die Haltereigenschaft nicht entfalle, wenn das Tier entlaufe, sei eine Haltereigenschaft des Erben nicht deshalb zu verneinen, weil er das Tier mangels Kenntnis vom Erbfall noch nicht nutzen könne[498]. Vergleichbar ist auch die Situation, dass der Halter des Tieres zwar noch lebt, aber das Tier nicht mehr nutzen kann, etwa weil er im Koma liegt. Der Erbe tritt also nach dieser Ansicht im Wege der Gesamtrechtsnachfolge automatisch in die Halterposition des Erblassers ein. Dies entspricht auch dem Grundsatz der Kontinuität im Erbrecht[499]. Insbesondere die Fiktion des vor Kenntnis des Erben tatsächlich nicht möglichen Besitzes gemäß § 857 BGB lässt auch eine fingierte Haltereigenschaft denkbar erscheinen[500]. Der Erbe ist kraft Gesamtrechtsnachfolge als Erbe Halter, bis er selbst tatsächlich sämtliche Haltereigenschaften erfüllt. Solange er lediglich als Erbe Halter ist, treffen ihn die Pflichten des § 833 S. 1 BGB als Nachlassverbindlichkeiten[501]. Sobald er selbst die Haltereigenschaften erfüllt, entstehen die Schadensersatzpflichten als Eigenverbindlichkeiten des Erben[502].

Erben nach dem Gesetzeszweck, im Sinne der Kontinuitätsmaxime (S. 1070, 1073), uminterpretiert werden.

496 *Klook,* Die überschuldete Erbschaft, S. 104; *Weimar,* MDR 1971, S. 369.

497 *Eberl-Borges,* VersR 1996, S. 1070, 1072.

498 *Eberl-Borges,* VersR 1996, S. 1070, 1072.

499 *Eberl-Borges,* VersR 1996, S. 1070, 1073.

500 Siehe oben § 3 III, sowie *Eberl-Borges,* VersR 1996, S. 1070, 1072.

501 *Eberl-Borges,* VersR 1996, S. 1070, 1073.

502 In diesem Punkt sind sich die h. M. und die m. M. sowohl in der Argumentation als auch im Ergebnis einig, *Eberl-Borges,* VersR 1996, S. 1070, 1073; *Marotzke,* in: Staudinger, § 1967 Rn. 23; *Klook,* Die überschuldete Erbschaft, S. 104; *Weimar,* MDR 1971, S. 369.

Die h. M. geht hingegen davon aus, dass das Tier durch den Erbfall halterlos wird, bis ein neuer Halter die Kriterien in seiner Person erfüllt[503]. Dennoch soll diese Halterlosigkeit nicht dazu führen, dass der Geschädigte keinen Anspruch erhält[504]. Bis der Erbe die Haltereigenschaften erfüllt, soll etwa die Halterqualität des Erblassers als fortbestehend fingiert werden[505] oder der Nachlass im Wege richterlicher Rechtsfortbildung mit durch Nachlasssachen entstehenden Schäden belastet werden[506]. Nach einer weiteren Ansicht bedarf es keiner Fiktion der Haltereigenschaft, da es genüge, dem Erben die haftungsrechtlichen Konsequenzen der Tiergefahr zuzurechnen[507].

Generell besteht also Einigkeit darüber, dass der Erbe bis zur Begründung einer neuen Haltereigenschaft für die entstehenden Schäden als Nachlassschulden einstehen muss. Dieses Ergebnis ist auch nach dem Grundsatz der Kontinuität im Erbrecht geboten. Wäre der Halter des Tieres im Zeitpunkt des Schadenseintritts noch nicht gestorben, so müsste er für den Schaden einstehen. Mit seinem Tode bestünde dann eine Schadensersatzverpflichtung als Nachlassschuld. Dies muss aus Billigkeitsgründen ebenso gelten, wenn der Halter zufällig vor dem Schadenseintritt gestorben ist[508].

Die drei Erklärungsmodelle, den Erben als Halter anzusehen[509], den Nachlass mit der Ersatzpflicht für durch Nachlasssachen entstandene Schäden zu belasten[510] oder die Haltereigenschaft des Erben als fortbestehend zu fingieren[511], kommen grundsätzlich zu denselben Ergebnissen. Es bestehen jedoch prinzipielle Unterschiede, die in besonderen Fällen eventuell auch sachliche Auswirkungen haben können.

Die Haltereigenschaft des Erben kraft Gesamtrechtsnachfolge anzunehmen, ist mangels einer Regelung ähnlich der Besitzfiktion des § 857 BGB

503 *Marotzke,* in: Staudinger, § 1967 Rn. 23; *Klook,* Die überschuldete Erbschaft, S. 104; *Weimar,* MDR 1971, S. 369.

504 *Weimar,* MDR 1971, S. 369.

505 So *Klook,* Die überschuldete Erbschaft, S. 105; *Marotzke,* in: Staudinger, § 1967 Rn. 23.

506 So *Weimar,* MDR 1971, S. 369.

507 *Rebmann,* Der Eintritt des Erben, S. 37.

508 *Weimar,* MDR 1971, S. 369.

509 *Eberl-Borges,* VersR 1996, S. 1070, 1072 f., 1075.

510 *Weimar,* MDR 1971, S. 369.

511 *Klook,* Die überschuldete Erbschaft, S. 105; *Marotzke,* in: Staudinger, § 1967 Rn. 23.

problematisch. Zudem könnte eine Haltereigenschaft des Erben neben der angestrebten Gefährdungshaftung nach § 833 S. 1 BGB noch andere, unerwünschte Konsequenzen haben. Solange der Erbe noch nicht selbst die Haltervoraussetzungen erfüllt, sollte es für die Exkulpation bei der Nutztierhaltung gemäß § 833 S. 2 BGB nicht auf seine Person ankommen. Schon die Frage, ob ein Tier ein Luxus- oder Nutztier ist, kann von der Person des Halters abhängen. Z. B. ist ein Jagdhund ein Nutztier, solange er von einem Jäger gehalten wird. Wenn diesen Hund jemand erbt, der ihn nicht als Jagdhund nutzen kann, wird er zum Luxustier. Würde man jeden Erben ab dem Erbfall uneingeschränkt als Halter ansehen, dann könnte sich bei einer Schadensverursachung durch ein Tier, das für den Erblasser ein Nutztier war, sodass dieser nur für vermutetes Verschulden gehaftet hätte, für den Erben eine Gefährdungshaftung ergeben. Dies wäre aber schon insofern unstimmig, als man den Erben eines Luxustieres für die Gefährdungshaftung nach § 833 S. 1 BGB als Halter ansähe, den Erben eines Nutztieres bei der Haftung für vermutetes Verschulden gemäß S. 2 hingegen nicht. Man könnte eventuell den Erben eines Nutztieres als Halter kraft Erbschaft bezeichnen und die Regelung des § 833 S. 2 BGB in Bezug auf den Erbfall so auslegen, dass es für die Nutztiereigenschaft und den Entlastungsbeweis auf den früheren Halter, den Erblasser ankommt. Wenn aber die Person des Erben als Halter kraft Erbschaft für die Voraussetzungen der Gefährdungshaftung bedeutungslos sein soll, erscheint es nicht geboten, den Erben überhaupt als Halter zu bezeichnen. Daher sollte man den Erben generell nicht vor Begründung seiner eigenen Haltereigenschaft als Halter klassifizieren.

Zudem erscheint es schwierig, den Erben als Halter zu bezeichnen, wenn der Erblasser selbst zwar Halter, nicht aber Eigentümer des Tieres war. Diesen Fall übersieht die genannte Ansicht, die eine Haltereigenschaft kraft Gesamtrechtsnachfolge annimmt. Sie geht davon aus, dass der Erbe, dem bekannt sei, dass er das Eigentum an einem Tier geerbt habe, die Bestimmungsgewalt über das Tier habe, wenn nicht etwa ein anderer Besitzer als Halter in Frage komme, weshalb für ihn unproblematisch die Halterhaftung des § 833 BGB gelten müsse[512]. Wenn der Erblasser Halter, nicht aber Eigentümer des Tieres war, so müsste diese Ansicht den Eigentümer als

512 *Eberl-Borges*, VersR 1996, S. 1070, 1072.

Halter ansehen, da dieser die Entscheidungsgewalt über das Tier hat und es im Eigeninteresse nutzen kann, wie dies in Bezug auf den Erben eines Tieres dargelegt wurde[513]. Es ist jedoch zweifelhaft, ob eine Haftung des Eigentümers bei Tod des Halters sachgerecht wäre. Die Halterhaftung ist eben keine bloße Haftung des Eigentümers. Wer sein Tier einem anderen zur eigenverantwortlichen Nutzung überlässt, soll nicht für den vom Tier verursachten Schaden aufkommen müssen, wenn der Halter zufällig vor Schadenseintritt stirbt. Daher ist diese Ansicht abzulehnen.

Eine Belastung des Nachlasses mit der Verpflichtung zum Ersatz für durch Nachlasssachen entstehende Schäden[514] führt generell zu den gleichen Ergebnissen wie die Auffassung, die den Erben generell als Halter ansieht[515]. Wenn die Nachlasssache ein Nutztier ist, muss man dem Erben aber die Exkulpationsmöglichkeit des § 833 S. 2 BGB in Bezug auf das Verhalten des verstorbenen Halters zubilligen. Die Erklärung, der Nachlass müsse mit der Verpflichtung zum Schadensersatz belastet werden, weil der von einem Tier verursachte Schaden durch eine zum Nachlass gehörende Sache entstanden sei[516], muss also noch eingeschränkt werden. Der Nachlass ist nur dann zu belasten, wenn auch der Erblasser zu Lebzeiten gehaftet hätte. Für die Ansprüche aus Gefährdungshaftung des § 833 S. 1 BGB[517] hätte der Erblasser unproblematisch gehaftet. Will man die Belastung des Nachlasses mit der Haftung von Schäden durch Nachlasssachen allgemeingültig formulieren, muss man aber die Haftungstatbestände für vermutetes Verschulden mitberücksichtigen. Wegen Schäden, die durch zum Nachlass gehörende Sachen entstehen, wird der Nachlass also nur insoweit belastet, wie sie der Erblasser hätte ersetzen müssen. Damit formuliert man allerdings kaum mehr eine dogmatische Herleitung der Haftungsbegründung, sondern eigentlich nur noch das gewünschte Ergebnis. Der Erbe haftet mit dem Nachlassvermögen für Schäden, für die der Erblasser gehaftet hätte, wenn dieser bis zur Schadensentstehung weitergelebt hätte. Der Gedanke, den Nachlass einfach mit den Ersatzpflichten für durch Nachlasssachen

513 *Eberl-Borges,* VersR 1996, S. 1070, 1072 f.
514 *Weimar,* MDR 1971, S. 369.
515 *Eberl-Borges,* VersR 1996, S. 1070, 1072 f., 1075.
516 *Weimar,* MDR 1971, S. 369.
517 Um die Gefährdungshaftung geht es Weimar a. a. O.

entstehende Schäden zu belasten, berücksichtigt nicht die Natur der Gefährdungshaftung. Nachlasssachen stehen im Eigentum des Erben. Die Gefährdungshaftung besteht aber gerade nicht für einen Eigentümer, sondern für den Halter. Wenn man den Nachlass mit der Pflicht zum Ersatz für die von Nachlasssachen verursachten Schäden belastet, schafft man übergangsweise eine Eigentümerhaftung, bis es einen neuen Halter für die Sachen gibt.

Die Idee, die Haltereigenschaft des Erblassers als fortbestehend zu fingieren[518], entspricht ebenso wie die Zurechnung der haftungsrechtlichen Folgen der Tiergefahr[519] am ehesten dem Konzept, Zufälligkeiten im Erbrecht zu vermeiden. Die Ansprüche des Geschädigten gegen den Erben sollen so entstehen, wie sie bestünden, wenn der Erblasser erst kurz nach dem Schadenseintritt verstorben wäre. Es wird also nur der Tod des Erblassers hinweggedacht. Es soll nicht antizipiert werden, wie sich ein überlebender Halter verhalten hätte und inwiefern der Schaden dadurch womöglich nicht eingetreten wäre. Es wird nur angenommen, der Erblasser hätte bis zum Schadenseintritt gelebt, wodurch er in diesem Zeitpunkt weiter Halter des Tieres gewesen wäre. Wenn in diesem hypothetischen Fall ein Anspruch des Geschädigten aus § 833 S. 1 BGB gegen den Halter entstanden wäre, so muss dieser Anspruch auch gegen seinen Erben entstehen. Insofern ist es sachgerecht, die Haltereigenschaft des Erblassers bis zur Begründung einer neuen Haltereigenschaft als fortbestehend zu fingieren, um dem Geschädigten einen Anspruch gegen den Erben zu ermöglichen. Man kommt zu demselben Ergebnis, wenn man die Fiktion der Haltereigenschaft für überflüssig hält und lediglich dem Erben die haftungsrechtlichen Folgen der Tiergefahr zurechnet[520]. Tatsächlich genügt es, dem Erben die rechtlichen Konsequenzen zuzurechnen, so wie dem Erben nach der hier vertretenen Ansicht die Konsequenzen einer deliktischen Handlung des Erblassers zugerechnet werden. In diesem Fall erübrigt sich der Gedanke, die durch den Erblasser geschaffene Gefahrsituation als fortbestehend zu fingieren, um den Erben haften zu lassen. Daher sollte es auch ausreichen, dem Erben die durch Haltung des Tieres geschaffene Gefahrensituation zuzurechnen.

---

518 *Klook,* Die überschuldete Erbschaft, S. 105; *Marotzke,* in: Staudinger, § 1967 Rn. 23.

519 *Rebmann,* Der Eintritt des Erben, S. 37 f.

520 *Rebmann,* Der Eintritt des Erben, S. 37 f.

Bis zu dem Zeitpunkt, zu dem der Erbe selbst eine tatsächliche, nicht nur fingierte, Haltereigenschaft begründet, entsteht die Haftung als Nachlassverbindlichkeit. Wenn etwa der Erbe zur Nachlassabwicklung vorübergehend Besitz an einem Gegenstand begründet, ist er nicht Halter, sodass er im Schadensfall weiterhin die Möglichkeit hat, seine Haftung auf die Erbschaft zu begrenzen[521].

Ebenso kann man bei der Halterhaftung nach § 7 StVG argumentieren[522]. Halter des Kfz ist, wer es für eigene Rechnung in Gebrauch hat und die Verfügungsgewalt darüber besitzt, die ein solcher Gebrauch voraussetzt[523]. Solange der Erbe noch nicht selbst Halter des Kraftfahrzeuges ist, muss die Haltereigenschaft des Erblassers als weiterbestehend gedacht werden, um eine unbillige Haftungslücke nach dem Erbfall zu vermeiden[524]. Prinzipiell ließe sich dasselbe Ergebnis wiederum dadurch erreichen, dass man den Nachlass als mit den durch Nachlasssachen entstehenden Schäden belastet ansieht[525]. Bei einem Kfz geht aber die Gefahr, anders als bei einem Tier, meist nicht von der Sache selbst aus, sondern dadurch, dass Menschen das Kfz benutzen. Die Lösung, den Erben schon ab dem Erbfall als Halter anzusehen[526], lässt sich für die Haftung nach § 7 StVG ebenso gut vertreten wie für die Tierhalterhaftung.

Nicht anders ist die Sachlage etwa bei der Inhaberhaftung nach § 1 Umwelthaftungsgesetz. Definiert man den Inhaber als wirtschaftlichen Nutznießer, also als denjenigen, der die tatsächliche wirtschaftliche Verfügungsgewalt innehat[527], dann ist unproblematisch der Erbe der Anlage als Eigentümer auch Inhaber. Definiert man den Inhaberbegriff mit Schwerpunkt auf die tatsächlich, nicht notwendig rechtliche Verfügungsgewalt[528], ergibt sich dieselbe Problematik wie bei der Halterhaftung. Der Halter-

---

521 *Boehmer,* Erbfolge und Erbenhaftung, S. 125; *Küpper,* in: MüKo, § 1967 Rn. 19.
522 *Klook,* Die überschuldete Erbschaft, S. 105.
523 BGHZ 13, 351, 354.
524 *Marotzke,* in: Staudinger, § 1967 Rn. 23.
525 *Weimar,* MDR 1971, S. 369.
526 *Eberl-Borges,* VersR 1996, S. 1070, 1072 f., 1075.
527 *Salje,* in: Salje / Peter, § 2 Rn. 17.
528 *Salje,* in: Salje / Peter, § 3 Rn. 18.

begriff des § 7 StVG und der Inhaberbegriff sind sich generell ähnlich[529]. Das Problem der Rechtsnachfolge ist in allen Fällen der Gefährdungshaftung bei dauerhaft betriebenen Gefahrenquellen gleich. Die Lösung sollte also auch in all diesen Fällen gleich sein, unabhängig von den individuellen Definitionen für z. B. Tierhalter, Kfz-Halter oder Inhaber von Anlagen. Wenn aufgrund des Erbfalls vorübergehend kein Verantwortlicher unter die Definition des Tatbestandes fällt, muss die Verantwortlichkeit des Erblassers als fortbestehend gedacht werden, um unbillige Haftungslücken zu vermeiden.

Auch im Rahmen der Gefährdungshaftung tritt der Erbe im Ergebnis als Gesamtrechtsnachfolger in eine Rechtslage ein, in der Nachlassverbindlichkeiten gegen ihn entstehen können.

529 *Salje*, in: Salje / Peter, § 3 Rn. 16.

§ 6. Resümee

Die deliktische Handlung muss vererblich sein. Das Entstehen eines Anspruchs darf nicht dadurch verhindert werden, dass der Anspruchsgegner stirbt. Die Rechtslage soll sich bei Tod des Schädigers vor Schadenseintritt nicht von der Rechtslage ohne seinen Tod unterscheiden.

Dogmatisch ist eine nachträgliche Entstehung von Ansprüchen gegen den Nachlass möglich. Das Gesetz sieht in § 1967 Abs. 2 BGB die Haftung für die vom Erblasser „herrührenden" Schulden vor. Das Wort „herrühren" lässt offen, wann die Schulden entstehen, sie müssen nur auf den Erblasser zurückzuführen sein[530]. Der Wortlaut des Gesetzes beschränkt die Haftung des Erben also nicht auf bereits im Zeitpunkt des Erbfalls entstandene Forderungen. Die Gesamtrechtsnachfolge bedeutet den umfassenden Eintritt des Erben in die Rechtsverhältnisse des Erblassers. Damit tritt der Erbe auch in dauernde Rechtsverhältnisse und eventuell auch in später entstehende Rechtslagen ein. Nachlassschulden entstehen üblicherweise erst nach dem Tod. Aber auch Erblasserschulden können erst nach dem Erbfall entstehen, etwa können sich vertragliche Folgeansprüche nach dem Tod eines Vertragspartners entwickeln.

Grundsätzlich will das Erbrecht vermeiden, dass durch den zufälligen Zeitpunkt des Todes eine Veränderung der Rechts- und Pflichtenlage der Beteiligten eintritt. Die Entstehung einer Zahlungspflicht kann also nur in sachlich gerechtfertigten Ausnahmefällen dadurch gehindert werden, dass der potentielle Anspruchsgegner vor der Entstehung stirbt.

Die Haftung des Erben für nach dem Erbfall entstehende, vom Erblasser verursachte Schäden ist auch normativ gewollt. Wenn ein Schaden entsteht, regeln die Haftungstatbestände die Frage, wer die Kosten wirtschaftlich zu tragen hat. Diese Frage sollte nicht davon abhängen, ob der Verursacher noch im Zeitpunkt der Schadensentstehung lebt. Sein Vermögen, der Nachlass, steht den Gläubigern über den Tod hinaus als Haftungsmasse zur Verfügung. Ein Geschädigter darf bei interessengerechter Wertung nicht

530 BGH, NJW 1991, S. 2558, 2559; LG Freiburg, JW 1938, S. 1819, 1820.

ohne Ansprüche sein, nur weil der Schädiger vor dem Schadenseintritt verstorben ist.

Unabhängig davon, ob der Tod des deliktisch Handelnden zufällig vor dem Schadenseintritt stattfand oder als geplanter Selbstmord mit der deliktischen Handlung in Zusammenhang stand und vielleicht sogar gerade für einen Schockschaden des Geschädigten ursächlich war, muss die Entstehung deliktischer Ansprüche so beurteilt werden, als lebe der Verantwortliche weiterhin. Wenn der Erblasser Schadensersatz hätte leisten müssen, wenn er beim Schadenseintritt noch gelebt hätte, dann muss der Erbe diesen Schadensersatz leisten. Der Tod des Schädigers bietet keinen sachlichen Grund, dem Geschädigten den Ersatzanspruch zu verweigern. Die Erben sind nicht schutzwürdig, denn sie haben auch bei im Nachhinein entstehenden Verpflichtungen, wie bei jeder Erblasserschuld, die Möglichkeit, ihre Haftung auf den Nachlass zu beschränken.

Literaturverzeichnis

Bamberger, Heinz Georg / Roth, Herbert (Hrsg.):
- Band 1: §§ 1–610, 3. Auflage, München 2012
- Band 2: §§ 611–1296, 3. Auflage, München 2012

(zitiert: *Bearbeiter*, in: Bamberger / Roth)

Baur, Jürgen F. / Stürner, Rolf, Sachenrecht, 18. Auflage, München 2009.

Beljin, Saša / Micker, Lars, Besonderes Verwaltungsrecht im ersten Staatsexamen, JuS 2003, S. 556–561.

BGB-RGRK. Das Bürgerliche Gesetzbuch mit besonderer Berücksichtigung der Rechtsprechung des Reichsgerichts und des Bundesgerichtshofes, Band II, 1. Teil, §§ 854–1011, 12. Auflage, Berlin 1979 (zitiert: *Bearbeiter*, in: BGB-RGRK).

Binder, Julius, Die Rechtsstellung des Erben nach dem deutschen bürgerlichen Gesetzbuch, I. Teil, Leipzig 1901.

Boehmer, Gustav, Erbfolge und Erbenhaftung, Halle 1927.

Ders., Der Übergang des Pflichtlebens des Erblassers auf den Erben, in: RG-Festgabe, Reichsgerichts-Festgabe der Juristischen Fakultäten, RG Praxis III 1929, S. 216–316.

Ders., Eintritt des Erben in pflichtbelastete Rechtslagen des Erblassers, Bemerkungen zu dem Urteil des LG Freiburg vom 11. März 1938, JW, Heft 28 / 29, 1819 ff., JW 1938, S. 2634–2641.

Brehm, Wolfgang / Berger, Christian, Sachenrecht, 2. Auflage, Tübingen 2006.

Brox, Hans / Walker, Wolf-Dietrich, Erbrecht, 26. Auflage, München 2014.

Burandt, Wolfgang / Rojahn, Dieter (Hrsg.), Erbrecht, 2. Auflage, München 2014 (zitiert: *Bearbeiter*, in: Burandt / Rojahn).

Crome, Carl, System des Deutschen Bürgerlichen Rechts, Band 5, Erbrecht, Tübingen 1912.

Deakin, Simon / Johnston, Angus / Markesinis, Basil, Tort law, 7. Auflage, Oxford 2013.

Dernburg, Heinrich, Das bürgerliche Recht des Deutschen Reichs und Preußens, Band I: Die allgemeinen Lehren des bürgerlichen Rechts des Deutschen Reichs und Preußens, Halle 1906.

Deutsch, Erwin, Einschränkung des Aufrechnungsverbots bei vorsätzlich begangener unerlaubter Handlung, NJW 1981, S. 735–736.

Ders., Allgemeines Haftungsrecht, 2. Auflage, Köln / Berlin / Bonn / München 1996.

Deutscher Erbrechtskommentar. 2. Auflage, Köln 2010 (zitiert: *Bearbeiter*, in: Deutscher Erbrechtskommentar).

Dietzel, Andreas, Untergang statt Fortbestand – Zur Abgrenzung der unvererblichen Rechtsbeziehungen im Schuldrecht, Pfaffenweiler 1991.

Eberl-Borges, Christina, Die Tierhalterhaftung des Diebes, des Erben und des Minderjährigen, – Zugleich eine Konkretisierung des Tierhalterbegriffs –, VersR 1996, S. 1070–1076.

Endemann, Friedrich, Lehrbuch des Bürgerlichen Rechts, Band III, 6. Auflage, Berlin 1900 (zitiert: *Endemann*, Lehrbuch des Bürgerlichen Rechts 1900).

Ders., Lehrbuch des Bürgerlichen Rechts, 8. und 9. Auflage, Berlin 1919 (zitiert: *Endemann*, Lehrbuch des Bürgerlichen Rechts 1919).

Enneccerus, Ludwig / Nipperdey, Hans Carl, Allgemeiner Teil des Bürgerlichen Rechts, Erster Halbband, Allgemeine Lehren, Personen, Rechtsgebiete, 15. Auflage, Tübingen 1959.

Erman. Bürgerliches Gesetzbuch, Handkommentar mit AGG, EGBGB (Auszug), ErbbauRG, HausratsVO, LPartG, ProdHaftG, UKlaG, VAHRG und WEG, 13. Auflage, Münster 2011.

Finkenauer, Thomas, Konvaleszenz und Erbenhaftung in § 185 Abs. 2 S. 1 BGB, in: FS Picker, Festschrift für Eduard Picker zum 70. Geburtstag, Tübingen 2010, S. 201–225.

Flume, Werner, Anmerkung zu BGH, Urteil vom 3.12.1999 - V ZR 329 / 98, JZ 2000, S. 1159–1160.

Fuchs, Maximilian, Delikts- und Schadensersatzrecht, Eine nach Anspruchsgrundlagen geordnete Darstellung des Rechts der unerlaubten Handlungen und der Gefährdungshaftung, 8. Auflage, Berlin 2012.

Gaa, Lothar, Die Vererbung von Unterlassungspflichten, in: AcP 161 (1962), S. 433–455.

Gebauer, Martin / Haubold, Jens, Anmerkung zu BGH, Urteil vom 3.12.1999 - V ZR 329 / 98, JZ 2000, S. 680–683.

Gierke, Otto v., Schuld und Haftung im älteren deutschen Recht, insbesondere die Form der Schuld- und Haftungsgeschäfte, Breslau 1910 (ND Aalen 1969).

Giger, Hans, Das Schicksal des Rechts beim Subjektswechsel unter besonderer Berücksichtigung der Erbfolgekonzeption, Wertkritische Deutung des ideologischen Gedankenguts bis zum 20. Jahrhundert – eine privatrechtsphilosophische Studie, Band I, Zürich 1973.

Giliker, Paula / Beckwith, Silas, Tort, London 2001.

Götz, Volkmar, Allgemeines Polizei- und Ordnungsrecht, Ein Studienbuch, 15. Auflage, München 2013.

Hagen, Horst, Zur Rechtsgrundabhängigkeit der Konvaleszenz, AcP 167 (1967) 1967, S. 481–503.

Harder, Manfred, Zur Konvaleszenz von Verfügungen eines Nichtberechtigten bei Beerbung durch den Berechtigten, in: Rechtsgeschichte und Privatrechtsdogmatik, Heidelberg 1999, S. 637–654.

Hendler, Reinhard, Allgemeines Verwaltungsrecht, Grundstrukturen und Klausurfälle, 3. Auflage, Stuttgart 2001.

Heuston, R. F. V. / Buckley, R. A. / Salmond, John W., Salmond and Heuston on the law of torts, 21. Auflage, London 1996.

Jakobs, Horst Heinrich / Schubert, Werner (Hrsg.):

- Allgemeiner Teil §§ 1–240, 2. Teilband, in: Die Beratung des Bürgerlichen Gesetzbuchs in systematischer Zusammenstellung der unveröffentlichten Quellen, Berlin / New York 1985
- Recht der Schuldverhältnisse I §§ 241–432, in: Die Beratung des Bürgerlichen Gesetzbuchs in systematischer Zusammenstellung der unveröffentlichten Quellen, Berlin / New York 1978
- Erbrecht §§ 1922–2385, 1. Teilband, in: Die Beratung des Bürgerlichen Gesetzbuchs in systematischer Zusammenstellung der unveröffentlichten Quellen, Berlin / New York 2002

Jauernig. Bürgerliches Gesetzbuch mit Rom-I-, Rom-II-, Rom-III-VO, EG-UntVO/HUntProt und EuErbVO; Kommentar, 16. Auflage, München 2015 (zitiert: *Bearbeiter*, in: Jauernig).

Kaser, Max, Das römische Privatrecht, Zweiter Abschnitt Die Nachklassischen Entwicklungen, 2. Auflage, München 1975 (zitiert: *Kaser,* Das römische Privatrecht 1975).

Kern, Bernd-Rüdiger, Die Genugtuungsfunktion des Schmerzensgeldes – ein pönales Element im Schadensersatz?, AcP 191 (1991), S. 247–272.

Kipp, Theodor, Lehrbuch des Bürgerlichen Rechts, II. Band, 3. Abteilung, Das Erbrecht, 7. Auflage, Marburg 1928.

Kipp, Theodor / Coing, Helmut, Erbrecht, Ein Lehrbuch, 14. Auflage, Tübingen 1990.

Klook, Sven, Die überschuldete Erbschaft, Der Erbe als Berechtigter und als Treuhänder der Nachlassgläubiger, Berlin 1998.

Knauff, Matthias, Anmerkung zu BVerwG, Urteil vom 16.3.2006, DVBl. 2006, S. 1321–1324.

Koller, Ingo / Kindler, Peter / Roth, Wulf-Henning / Morck, Winfried, Handelsgesetzbuch, Kommentar, 8. Auflage, München 2011.

Kollhosser, Helmut / Jansen, Christina, Konfusion, JA 1988, S. 305–311.

Kötz, Hein / Wagner, Gerhard, Deliktsrecht, 12. Auflage, München 2013.

Kuhnke, Die Verletzung ererbter Unterlassungspflichten, JW 1933, S. 2872–2874.

Lange, Heinrich / Kuchinke, Kurt, Lehrbuch des Erbrechts, 5. Auflage, München 2001.

Lange, Hermann / Schiemann, Gottfried, Handbuch des Schuldrechts in Einzeldarstellungen / Schadensersatz, 3. Auflage, Tübingen 2003.

Lange, Knut Werner, Erbrecht, 1. Auflage, München 2011.

Larenz, Karl / Canaris, Claus-Wilhelm, Lehrbuch des Schuldrechts, Zweiter Band, Besonderer Teil, 2. Halbband, 13. Auflage, München 1994.

Lassalle, Ferdinand, Das System der erworbenen Rechte, Eine Versöhnung des positiven Rechts und der Rechtsphilosophie, Leipzig 1861.

Laule, Gerhard / Bott, Burchard, Vererbbarkeit von Verlustvorträgen, DStR 2002, S. 1373–1380.

Leipold, Dieter, Erbrecht, Grundzüge mit Fällen und Kontrollfragen, 15. Auflage, Tübingen 2004.

Leisner, Walter, Verfassungsrechtliche Grenzen der Erbschaftsbesteuerung, Berlin 1970.

Looschelders, Dirk, Die Mitverantwortlichkeit des Geschädigten im Privatrecht, Tübingen 1999.

Lübtow, Ulrich v., Erbrecht, Eine systematische Darstellung, Berlin 1971.

Lüke, Wolfgang, Anmerkung zu BGH, Urteil vom 3.12.1999 - V ZR 329 / 98, DNotZ 2001, S. 59–64.

Medicus, Dieter / Petersen, Jens, Bürgerliches Recht, Eine nach Anspruchsgrundlagen geordnete Darstellung zur Examensvorbereitung, 24. Auflage, München 2013.

Meincke, Jens Peter, Das Recht der Nachlassbewertung im BGB, Frankfurt (Main) 1973.

Ders., Die Auswirkungen der Rechtsnachfolge auf das Steuerverhältnis, in: Schulze-Osterloh, Joachim (Hrsg.), Rechtsnachfolge im Steuerrecht DStJG X, Köln 1987, S. 19–43.

Meyer-Goßner, Lutz / Schmitt, Bertram (Hrsg.), Strafprozessordnung, Gerichtsverfassungsgesetz, Nebengesetze und ergänzende Bestimmungen, 58. Auflage, München 2015.

Mitteis, Ludwig, Römisches Privatrecht, bis auf die Zeit Diokletians, Erster Band, Leipzig 1908.

Möller, Manfred / Warg, Gunter, Allgemeines Polizei- und Ordnungsrecht, mit Verwaltungszwang und Bescheidtechnik, 6. Auflage, Stuttgart 2012.

Motive zu dem Entwurfe eines Bürgerlichen Gesetzbuches für das Deutsche Reich:

- Band 1. Allgemeiner Theil, 2. Auflage, Berlin 1896
- Band 2. Recht der Schuldverhältnisse, 2. Auflage, Berlin 1896
- Band 5. Erbrecht, 2. Auflage, Berlin 1896

Mugdan, Benno (Hrsg.), Die gesamten Materialien zum Bürgerlichen Gesetzbuch für das Deutsche Reich:

- Band 1: Einführungsgesetz und Allgemeiner Teil, Berlin 1899 (ND Aalen 1979)
- Band 2: Recht der Schuldverhältnisse, Berlin 1899 (ND Aalen 1979)
- Band 5: Erbrecht, Berlin 1899 (ND Aalen 1979)

Münchener Kommentar zum Bürgerlichen Gesetzbuch:

- Band 2: Schuldrecht, Allgemeiner Teil (§§ 1–240), 6. Auflage, München 2013

- Band 2: Schuldrecht, Allgemeiner Teil (§§ 241–432), 3. Auflage, München 1994
- Band 6: Sachenrecht (§§ 854–1296), 6. Auflage, München 2013
- Band 7: Familienrecht I (§§ 1297–1588), 6. Auflage, München 2013
- Band 8: Familienrecht II (§§ 1589–1921), 6. Auflage, München 2013
- Band 9: Erbrecht (§§ 1922–2385), 6. Auflage, München 2013

(zitiert: *Bearbeiter*, in: MüKo)

Muscheler, Karlheinz, Die erbrechtliche Universalsukzession, Jura 1999, S. 234–246 und 289–297.

Ders., Universalsukzession und Vonselbsterwerb, Die rechtstechnischen Grundlagen des deutschen Erbrechts, Tübingen 2002.

Ders., Erbrecht, Band I, Tübingen 2010.

Musielak, Hans-Joachim / Hau, Wolfgang, Grundkurs BGB, Eine Darstellung zur Vermittlung von Grundlagenwissen im bürgerlichen Recht mit Fällen und Fragen zur Lern- und Verständniskontrolle sowie mit Übungsklausuren, 13. Auflage, München 2013.

Neuner, Carl, Die Heredis institutio ex re certa, Gießen 1853.

Neuner, Robert, Interesse und Vermögensschaden, AcP 133 (1931), S. 277–314.

Nolte, Martin / Niestedt, Marian, Grundfälle zur Rechtsnachfolge im Öffentlichen Recht, JuS 2000, S. 1071–1075.

Nomos. Bürgerliches Gesetzbuch, Handkommentar, 8. Auflage, Baden-Baden 2014 (zitiert: *Bearbeiter*, in: Nomos Kommentar).

Olshausen, Eberhard v., Der genarrte Vorkaufsberechtigte – Begriffsjuristisches vom V. Zivilsenat des BGH, NJW 2000, S. 2872–2874.

Ossenbühl, Fritz, Die Rechtsnachfolge des Erben in die Polizei- und Ordnungspflicht, NJW, S. 1992–1996.

Palandt. Bürgerliches Gesetzbuch, Mit Nebengesetzen; insbesondere mit Einführungsgesetz (Auszug) einschließlich Rom I-, Rom II- und Rom III-Verordnungen sowie dem Haager Unterhaltsprotokoll, Allgemeines Gleichbehandlungsgesetz (Auszug), Wohn- und Betreuungsvertragsgesetz, BGB-Informationspflichten-Verordnung, Unterlassungsklagengesetz, Produkthaftungsgesetz, Erbbaurechtsgesetz, Wohnungseigentumsgesetz, Versorgungsausgleichsgesetz, Lebenspartnerschaftsgesetz, Gewaltschutzgesetz:

– 57. Auflage, München 1998
– 74. Auflage, München 2015
(zitiert: Bearbeiter, in: Palandt)

Papier, Hans-Jürgen, Die Verantwortlichkeit für Altlasten im öffentlichen Recht, NVwZ 1986, S. 256–263.

Ders., Zur rückwirkenden Haftung des Rechtsnachfolgers für Altlasten, DVBl. 1996, S. 125–134.

Paulus, Christoph, Die Idee der postmortalen Persönlichkeit im römischen Testamentsrecht – Zur gesellschaftlichen und rechtlichen Bedeutung einzelner Testamentsklauseln, Berlin 1994.

Pielemeier, Klaus, Das Aufrechnungsverbot des § 393 BGB, Seine Entstehungsgeschichte u. seine Bedeutung im geltenden Recht, Berlin 1988.

Pieroth, Bodo / Schlink, Bernhard / Kniesel, Michael, Polizei- und Ordnungsrecht, Mit Versammlungsrecht, 8. Auflage, München 2014.

Pletscher, Ulrike, Genehmigung und Konvaleszenz des Rechtsgeschäfts, Mannheim 2000.

Prütting, Hanns / Wegen, Gerhard / Weinreich, Gerd (Hrsg.), BGB Kommentar, 10. Auflage, Köln 2015 (zitiert: *Bearbeiter*, in: Prütting).

Puchta, Georg Friedrich, Pandekten, 3. Auflage, Leipzig 1845.

Rebmann, Stefanie, Der Eintritt des Erben in pflichtbelastete Rechtspositionen, Tübingen 2004.

Rogers, W. V. H. / Winfield, Percy Henry / Jolowicz, J. A., Winfield and Jolowicz on tort, 18. Auflage, London 2010.

Ruppe, Hans Georg, Einkommensteuerrechtliche Positionen bei Rechtsnachfolge, in: Schulze-Osterloh, Joachim (Hrsg.), Rechtsnachfolge im Steuerrecht DStJG X, Köln 1987, S. 45–97.

Salje, Peter / Peter, Jörg, Umwelthaftungsgesetz, Kommentar, 2. Auflage, München 2005 (zitiert: *Bearbeiter*, in: Salje / Peter).

Schäfer, Hans-Bernd / Ott, Claus, Lehrbuch der ökonomischen Analyse des Zivilrechts, 5. Auflage, Berlin 2012.

Schenke, Wolf-Rüdiger, Polizei- und Ordnungsrecht, 8. Auflage, Heidelberg 2013.

Schmidt-Kessel, Alfred, Was ist Nachlass?, Kann die Insolvenzpraxis dazu beitragen, den Begriff „Nachlass“ und die ihm zukommende haftungsrechtliche Funktion besser zu verstehen?, WM 2003, S. 2086–2091.

Schmitt, Gottfried v., Erbrecht, Teil 1, Testament, Erbeinsetzungsvertrag, Gesetzeserben, Pflichtteilsberechtige, in: Schubert, Werner (Hrsg.), Die Vorlagen der Redaktoren für die erste Kommission zur Ausarbeitung des Entwurfs eines Bürgerlichen Gesetzbuches, ND Berlin / New York 1984.

Schulz, Ronald, Die Lastentragung bei der Sanierung von Bodenkontaminationen, Berlin 1995.

Siber, Heinrich, Erbrecht: mit Berücksichtigung des Erbschaftssteuerrechts, Leipzig 1928.

Ders., Haftung für Nachlaßschulden nach geltendem und künftigem Recht, Leipzig 1937.

Soergel. Kommentar zum Bürgerlichen Gesetzbuch mit Einführungsgesetz und Nebengesetzen:

- Band 2: Allgemeiner Teil 2, §§104–240, 13. Auflage, Stuttgart 1999
- Band 2: Schuldrecht 1, §§ 241–431, 12. Auflage, Stuttgart 1990
- Band 12: Schuldrecht 10, §§ 823–853, ProdHG, UmweltHG, 13. Auflage, Stuttgart 2005
- Band 21: Erbrecht 1, §§ 1922–2063, 13. Auflage, Stuttgart 2002

(zitiert: *Bearbeiter*, in: Soergel)

Sohm, Rudolph, Institutionen des Römischen Rechts, 5. Auflage, Leipzig 1894.

Stadie, Holger, Rechtsnachfolge im Verwaltungsrecht, DVBl. 1990, S. 501–508.

Staudinger. J. von Staudingers Kommentar zum Bürgerlichen Gesetzbuch, Mit Einführungsgesetz und Nebengesetzen:

- Buch 1: Allgemeiner Teil, §§ 164–240, 13. Bearbeitung, Neubearbeitung, Berlin 2014
- Buch 2: Recht der Schuldverhältnisse, §§ 398–432, 12. Bearbeitung, Berlin 1994
- Buch 2: Recht der Schuldverhältnisse, §§ 362–396, 13. Bearbeitung, Neubearbeitung, Berlin 2011
- Buch 2: Recht der Schuldverhältnisse, §§ 433–387; Leasing, 13. Bearbeitung, Berlin 2004
- Buch 2: Recht der Schuldverhältnisse, §§ 823–825, 13. Bearbeitung, Berlin 1999

– Buch 2: Recht der Schuldverhältnisse, §§ 826–829; ProdHaftG, 13. Bearbeitung, Neubearbeitung, Berlin 2014
– Buch 2: Recht der Schuldverhältnisse, §§ 830–838, 13. Bearbeitung, Neubearbeitung, Berlin 2012
– Buch 3: Sachenrecht, §§ 883–902, 13. Bearbeitung, Neubearbeitung, Berlin 2013
– Buch 5: Erbrecht, 1. Teil, 11. Auflage, Berlin 1954
– Buch 5: Erbrecht, §§ 1922–1966, 13. Bearbeitung, Neubearbeitung, Berlin 2008
– Buch 5: Erbrecht, §§ 1967–2063, 13. Bearbeitung, Neubearbeitung, Berlin 2010
(zitiert: *Bearbeiter*, in: Staudinger)

Tiedtke, Klaus, Gutgläubiger Erwerb im bürgerlichen Recht, im Handels- und Wertpapierrecht sowie der Zwangsvollstreckung, Berlin 1985.

Trzaskalik, Christoph, Personal gebundene Einkommensteuerpflicht und Gesamtrechtsnachfolge, Steuer und Wirtschaft 1979, S. 97–112.

Waas, Bernd, Zur Abgrenzung des Beseitigungsanspruchs gem. § 1004 Abs. 1 S. 1 BGB von dem Anspruch auf Schadensersatz wegen unerlaubter Handlung, VersR 2002, S. 1205–1213.

Wacke, Andreas, Gutgläubiger Vormerkungserwerb und Konfusion, NJW 1981, S. 1577–1581.

Ders., Die Konvaleszenz der Verfügung eines Nichtberechtigten, Zur Dogmatik und vergleichenden Geschichte des § 185 Abs. 2 BGB, SZ 114 (1997), S. 199–232.

Ders., Personalunion von Gläubiger und Schuldner, Vertragsschluss mit sich selbst und die Ungerechtigkeit der Konvaleszenz durch Erbenhaftung, JZ 2001, S. 380–388.

Ders., „Vom Pech, eine gute Erbschaft zu machen“ oder Die Ausschaltung des Zufalls als Maxime der Gerechtigkeit, Illustriert an der Ausübung eines Vorkaufsrechts durch den Erben des gebundenen Verkäufers, DNotZ 2001, S. 302–320.

Weimar, Wilhelm, Haftpflicht bei Schäden durch Nachlaßsachen, MDR 1971, S. 369–370.

Wiegand, Wolfgang, Der Rückerwerb des Nichtberechtigten, JuS 1971, S. 62–67.

Wieling, Hans Josef, Anmerkung zu BGH, Urteil vom 3.12.1999 - V ZR 329 / 98, JR 2001, S. 147–151.

Ders., Sachenrecht, Band 1, Sachen, Besitz und Rechte an beweglichen Sachen, 2. Auflage, Berlin / New York 2006.

Wilburg, Walter, Abschied von § 419 BGB, in: FS Larenz, Festschrift für Karl Larenz zum 70. Geburtstag, München 1973, S. 661–671.

Windel, Peter A., Über die Modi der Nachfolge in das Vermögen einer natürlichen Person beim Todesfall, Heidelberg 1998.

www.ingramcontent.com/pod-product-compliance
Ingram Content Group UK Ltd.
Pitfield, Milton Keynes, MK11 3LW, UK
UKHW020711041026
15590UKWH00002B/610

9 783631 763360